風骨

仙居御史故事

仙纪 著

广西师范大学出版社
· 桂林 ·

《风骨——仙居御史故事》编辑委员会

你知道吗？

仙居历代有过五十一名御史监察官，

分别来自境内十六个姓氏，

每个姓氏都传承着别具特色的家规家训。

仙居曾经有过四十四座石牌坊，

二十三座属于御史监察官牌坊，

二十六名御史先贤或单独或和族人一起成为牌坊的主人。

这些御史监察官正色立朝、弹劾权幸、匡正纲纪，

留下“铁面冰心”“南台世范”“一门奇节”的美名。

历经风云千载依然厚德流光，

清风颂远，百世景仰。

御史家训字字珠玑，

御史文化博大精深，

御史故里名不虚传。

美哉！壮哉！

仙居御史监察官！

探究，开启，

御史家风，遗传密码，

期待你也来参悟其中奥妙！

前言

清廉文化是廉政建设与文化建设相结合的产物，文化是载体，廉政是内涵。

清廉文化是中华民族优秀文化的重要组成部分，清廉文化建设是党风廉政宣传教育的有效载体和重要抓手。习近平同志指出："深入挖掘中华优秀传统文化蕴含的思想观念、人文精神、道德规范，结合时代要求继承创新，让中华文化展现出永久魅力和时代风采。"这为当前我们继承和发展优秀传统文化中的廉政思想指明了方向。

仙居作为有着"御史故里"美誉的千年古县，仙居县委、县纪委多年来致力于传承、弘扬御史文化中蕴含的廉政思想，促进本地传统文化的创造性转化和创新性发展，取得了一定的实践成果。翻阅厚重的仙居御史文化史籍，不乏"公生明，廉生威"的为官信念、"清、慎、勤"的职业操守，以及"勤俭持家，崇廉向善"的家风家训，这些都是非常优质的清廉文化教育素材。将其作为清廉文化建设的重要内容，仙居县纪委从2017年开始，通过深入挖掘历代仙居籍监察官员事迹，收集整理了大量详实的资料，并组织专家学者反复研讨，历时两年多编写了《风骨——仙居御史故事》一书，系统讲述了古代仙居籍监察官员为学、为官、为人之道，横贯自唐到明的历史经纬，力求读本的知识性、思想性、趣味性。

良好家风能够净化政治生态，有助于营造山清水秀的清朗政风。习近平总书记强调："要把家风建设摆在重要位置，廉洁修身，廉洁齐家，防止'枕边风'成为贪腐的导火索，防止子女打着自己的旗号非法牟利，防止身边人把自己'拉下水'。"家风反映作风，作风影响家风。从近年来查处的大量违纪违法案件看，很多腐败之祸的起因，"不在颛臾，而在萧墙之内也"。"官本位"的封建意识，"封妻荫子"的特权思想，使腐败在一些党员领导干部的家庭中打开了缺口。

家风醇则民风正，民风正则社稷安。《风骨——仙居御史故事》一书大篇幅论及古代仙居籍监察官员的家风家训内容。在一个有着深厚"家文化"的社会，家规家训见证了一个家庭、一个家族的智慧传承，传递着"有所为有所不为"的谆谆告诫。在价值观念日益多元化的转型时期，古往今来的优秀家规家训蕴含着深厚的文化营养，依然具有历久弥新的学习借鉴作用。无论是领导干部，还是普通百姓，心有所畏、言有所戒、行有所止，多一份自律、多一份自省，于人于己都是一件大有裨益的事情。

名节源于品德，坚定在于信念。纵览丰富多彩的仙居御史文化，从清廉为官的从政箴言到勤勉敬业的道德规范，从严于律己的修身之志到为国为民的家国情怀，至今仍然具有深刻的教育意义和重要的时代价值。仙居御史文化蕴含着崇德重礼、正心修身等人生智慧，其中主旨大都以"廉"立论，强调个人操守，经历时光岁月的洗礼，仍然可与当下社会主义核心价值观遥相呼应、连接贯通，成为一道穿越历史的风景。

新时代，新气象，新作为。当前，我们需要进一步提高政治站位，增强责任感和使命感，以习近平新时代中国特色社会主义思想和全面从严治党新战略新要求为指导，结合新时期党风廉政建设和反腐败斗争的形势任务，认真汲取传统文化中的廉政思想精髓，推进构建一整套增强全党全社会崇廉尚洁意识的规范体系，增强党员领导干部和广大人民群众对是非与美丑的辨析能力，从而使"以清为美，以廉为荣"成为大家的自觉认同和日常实践。

清廉文化建设意义重大，舞台广阔，任务繁重。希望《风骨——仙居御史故事》一书充分发挥文艺作品砥砺操行、标拔志气、美育心灵的作用，不断强化干部群众对全面从严治党的心理认同、行为趋同，使廉洁价值理念成为党员领导干部严格恪守的准则和全社会共同维护的道德底线，推动良好的家风在潜移默化中蕴出良善的国风，真正形成一个良性互动、赓续传承的和谐社会。

编　者

2019 年 12 月

目录

清风颂远
——仙居籍御史监察官员简传 209

附录

谏诤为任 激浊扬清

——仙居『御史故里』简史

古代的监察制度由都察院（御史台）和谏官系统（唐代为门下省，明以后为六科给事中）共同组成。都察院（御史台）的御史掌“纠绳不法”，监察百官；六科给事中稽查六部百司之事，并“侍从赞相，规谏讽谕”，规谏皇帝。历代监察制度的名称设置、职责分工虽多有不同，但监察官员的选择都非常严格，必须为朝廷中耿直敢言、清正廉洁、享有清誉之人。

仙居地处浙东南，山水毓秀，人杰地灵，历史上曾涌现过一批“激浊扬清”“刚直不阿”的监察官员，为此，还赢得了“御史故里”的美誉。

唐代是我国古代监察制度的发展完善时期。它继承和发展了隋朝的旧制，在中央设置御史台，“掌邦国刑宪典章之政令，以肃正朝列”，同时，还完善了谏官体系，在门下省置散骑常侍、谏议大夫、补阙、拾遗（其中右补阙、右拾遗隶属于中书省）、给事中等职，举凡主德缺违、国家决策，皆得谏正。这一时期也是文献记录中最早有仙居人出仕为监察官员的时期，如仙居的蒋琰和孙郃均曾担任过谏官。据《光绪仙居县志》记载：蒋琰，唐代乾符年间进士，曾任谏议大夫；孙郃，乾宁四年（897）进士，曾任左拾遗。蒋、孙两人所任的官职均有“匡正政治上的得失，以谏诤为任”的职责。五代时期，国家历经政权变更，但基本延续了唐代确立的“一台三院”的监察制度。台就是御史台，御史大夫做“台长”；三院就是台院、殿院和察院，由侍御史、殿中侍御史、监察御史分别执掌，各自“掌纠举百僚、推鞫（审判）狱讼”、弹劾违法，纠察朝仪，巡按州县、纠视刑狱等。这一时期，仙居的吴全智便曾担任过后梁政权的国子祭酒兼侍御史，负责纠察朝仪和弹劾官员违法行为。

宋代在全国铺织了上下纵横严密的监察网。一方面，它承袭唐制，设御史台为国家最高监察机关，“掌纠察官邪，肃正纲纪”，“大事则廷辩，小事则奏弹”；另一方面，为了牵制州郡行政长官，宋太祖赵匡胤在各地派驻“纪委书记”，叫作“通判”，专门监察地方官员及其所属的部吏，号称“监州”。

宋代也是仙居人出仕监察官最多的一个朝代。北宋时期，仙居出了一位蒋旦，曾任越州通判，他节操高尚，为时人所推崇，逝后入祀县学旁边的六贤祠。而且，当时六贤祠里面敬奉的四位名贤均曾担任过监察官。南宋仙居文风鼎盛，人才辈出，涌现了十多位御史、通判、谏官等监察官员。如吴芾，曾任监察御史、殿中侍御史，后官至礼部侍郎、吏部侍郎、龙图阁直学士，《宋史》有传；如陈庸，曾任御史台主簿、江西提点刑狱，建碧栖堂书院，创车门陈氏家训；如张次贤，曾任衢州通判、临安府通判、监察御史、右正言兼侍讲、谏院左司谏，编纂西张家谱；又如郭磊卿，曾任严州通判、左正言兼侍讲，名列“端平六君子”“嘉熙四谏”。

此外，宋代“路”一级的转运使、提点刑狱公事等官员也负有监察州县各级官吏的职责，统称为“监司”，也就是在中央和府、州、军、监之间，又增设了一级监察机关。例如提点刑狱司，总揽司法和监察。其中，陈庸曾任江西提点刑狱，其后代陈仁玉曾任浙东提点刑狱，都负有监察官吏的职责。

明代，中央监察制度又有了新变化。明太祖朱元璋将御史台改为都察院，设左、右都御史，左、右副都御史，左、右佥都御史，以及十三道监察御史一百一十人，监察官队伍实力超群。纠劾百司，辨明冤枉，正风肃纪，都属于这些刚正不阿的监察官的职责。

明代，仙居人出仕为监察官的阵容也非常强大，涌现了吴时来、李一瀚、戴弘演、王存忠、应大猷、应朝卿、卢明章、尹彦、应存性等御史、通判。他们正色立朝，无所阿附，风节挺劲，权贵惮之。如吴时来，曾任左都御史，写下《乞察奸邪疏》，弹劾权相严嵩父子贪赃枉法，不幸被打入大牢，受尽严嵩党羽的酷刑折磨，被打得体无完肤。在被逼问谁是幕后主使时，吴时来铁骨铮铮："祖宗立言官为锄奸，此是主使。"朝廷设立监察官目的就是为了铲除奸邪，这就是明代监察官不忘初心、掷地有声的回答，哪怕身陷险境、九死一生，却依然忠于职守至死不渝。吴时来留下的传世家训"第权奸不除，何以报朝廷"，更是充分彰显了"仙居人硬气"，为人称颂，堪称御史本色。如李一瀚，曾任左副都御史，为官三十年，大部分时间都担任御史职务。李一瀚说过："民之所喜，吾亦喜之，即荐；民之所恶，吾亦恶之，即劾。"为百姓选择官员，百姓喜爱的我也喜爱，推荐提拔；百姓讨厌的我也讨厌，弹劾下台。只要触犯国法，哪怕对方是权臣也不会回避妥协，所以当朝权贵无不忌惮三分。哪怕权势熏天的严嵩也拿李一瀚没有办法，无奈地说："李某人岂是可以说情的人？"

此外，有明一朝，仙居还有戴弘演、王存忠先后担任过应天府巡按御史，卢明章担任过顺天府巡按御史。戴、王、卢三人担任巡按御史期间，都兢兢业业做事，勤勤恳恳做人，留下清廉从政、秉公执法的佳话。据史书记载，戴弘演"频膺要地，清介不少渝"，左都御史吴时来就为戴弘演亲题匾额"南台世范"，悬挂于戴氏宗祠，表达追慕前贤之心；王存忠"明珠蕃贝不以为尘匣"，面对别人赠送的玉石珍宝一概拒绝，其清廉风范在当地有口皆碑，吴时来点赞王存忠"有郁林片石之风"；卢明章担任顺天府巡按御史时，勇于担当，敢于负责，赢得时人的普遍敬重。

古代仙居籍监察官职位齐全，既有御史，又有谏官。御史有五代的侍御史，宋代的殿中侍御史、监察御史、通判，明代的左都御史、左副都御史、佥都御史、巡按御史、巡盐御史等。谏官有唐代的拾遗、补阙，宋代的左正言、右正言、左司谏等。考究起来，每一个职位都对应着一位大名鼎鼎的仙居籍监察官。

这些古代仙居籍监察官们在纠劾敢言、匡正纲纪的履职过程中，将自己的体会思考融入了家族家训中，以劝诫的形式昭示后人，于是留下了大量精彩的御史家训。这些家训或谈为民，如吴芾“实惠倘及民，死亦有生气”、陈庸“民失所望，不可”；或论气节，如张次贤“宁背私恩，不忍公论”、郭磊卿“遍地冗枝都与去，倚天高干一齐留”；或讲为官，如吴时来“第权奸不除，何以报朝廷”、李一瀚“职无虚设，禄岂妄干”、应大猷“吾只知三尺法耳，不知其他”、应朝卿“肃官邪，轸民瘼”；或说持家，如卢明章“立当内室坚挺，无可趁缝隙”、王存忠“吩咐儿曹休指望，好将芒履印苍苔”。这些光照古今的御史家训隐含着忠贞不渝的道德操守、为国为民的磊落胸怀，读过之后令人肃然起敬。

后来，许多御史家训在传承中逐渐融入了后代子孙的集体记忆，影响深远。例如吴氏家训“吾家世多荩臣，鞠躬尽瘁。为孙子者其以康肃、忠恪二公为法”，要求后代子孙效仿吴芾、吴时来两位先祖、御史，为国鞠躬尽瘁。

历史上，监察官的选任非常严格。唐代规定，御史必须在地方州县任过职。宋仁宗规定监察官须“两任通判”，宋孝宗规定监察御史必须有两任县令的经历。从上文可以看出，古代仙居籍监察官们能够脱颖而出也是非常不容易的，监察官员必须具备足够的学识、才干，丰富的从政经验，良好的政绩等，这都是获得这项任命的必要条件。而且，宋朝的台谏官 90% 以上有进士身份，监察官其实都是高级知识分子，文化程度要求特别高。这一点从历代仙居籍监察官员们留下的诗文中就可以看出来，例如吴芾为文豪健俊整，有表奏五卷、诗文三十卷，汇编成《湖山集》；张次贤“侍讲经筵”期间，撷取历代治乱的缘由以及国家长治久安的经验，撰成《御鉴录》二十卷，献给朝廷；吴时来谪贬横州期间，教化当地百姓，著书立说，写下了洋洋二十万字的《横槎集》；应大猷一生著述甚丰，有《周易传义存疑》一卷、《容庵集》十卷传世，被誉为“造理精深，铸词雅则”……

历代仙居籍监察官们致力于重振纲纪、整顿吏治，逝后大都入祀乡贤祠。他们立身行事，正气凛然，完全符合“树坊立传、旌表德行”的标准，因而在仙居大地上留下了正谏坊、都宪坊、台宪坊、翰台坊、柏台坊等多座明显带有御史、谏官色彩的监察官牌坊，其人其事名垂青史、流芳百世。

千载流芳

——仙居籍御史监察官员正传

正气凛然 吴芾

方炳乾

传世家训：实惠倘及民，死亦有生气。

传世家训：视官物如己物，视公事如私事。

传世家训：与其得罪于百姓，宁得罪于上官。

吴芾（1104—1183），字明可，号湖山居士，仙居县田市镇吴桥村人，南宋绍兴二年（1132）进士，历任秘书省正字（秘书省属官，负责校正书籍），处州、婺州、绍兴三府通判，处州、婺州、隆兴、临安、太平、绍兴六地知府，监察御史，殿中侍御史，给事中，户部侍郎，刑部侍郎，吏部侍郎，礼部侍郎，以龙图阁直学士退休，死后谥康肃，加赠少师，《宋史》有传。

吴芾一生秉持“与其得罪于百姓，宁得罪于上官”的信念，以正直敢言著称，与朱熹交情深厚，去世后朱熹为他作《龙图阁直学士吴公神道碑》，称赞他直言无隐、忠心谋国、勇斗奸佞的精神，也感叹他大才不得尽用的遗憾。

心系民生，暗开私盐古道

吴芾幼年时就是个小大人，处事庄重威严，读书废寝忘食，于南宋绍兴二年（1132）考中进士。翌年，任温州乐清县尉。

仙居有句俗话："担过私盐烧过炭，唱过莲花讨过饭"，以此作比三十六行。古代盐业属于高税收产业，为历代朝廷掌控，并实行专卖。临海、三门、乐清、温岭、温州等产盐地域与仙居临近，浙南沿海地带的贫苦民众迫于生计，大多铤而走险"担私盐"。入冬以后，万物休眠，男女老少借此农闲季节，扁担短柱，成群结队，络绎不绝于私盐古道。尤其是天灾年份，浙东南山区男人都靠"担私盐"养活妻儿。当时皇令昭然，如果辖区内有私盐贩子越境，县尉一律被参劾免职。当时迫于皇令，临海、三门、温岭、温州等产盐地都相继禁关，全力打击私盐贩卖活动。吴芾却表现消极，他说："铤而走险贩卖私盐的都是贫苦无业的人，我怎么忍心只考虑个人仕途而让他们雪上加霜呢？"他以自己的官位与前途相赌，"睁只眼闭只眼"，乐清盐关网开一面，为苍生"暗开私盐通道，滋千村万户贫民家命"。

在乐清任职期间，吴芾还大力整治县庠，倡导好学之风，延请名师宿儒，召集有志求学的士子一起苦学，几年后当地人才辈出，其中有绍兴二十七年（1157）状元王十朋等名臣。

力主抗金，与秦桧结怨

此后，吴芾先后调任平江府录事参军、详定一司敕令所删定官、秘书省正字，都是掌管校勘政令、典籍之事的低级官员。吴芾早年与秦桧相识，两人早期交情不错。当时秦桧因善于揣摩宋高宗的心理，提出一系列“议和”计划，深得宋高宗宠信，在朝廷中炙手可热、权势熏天。吴芾力主抗金，时刻谋划北伐中原、收复故土，因此对秦桧的所作所为非常不满。他不但没有凭借旧日的交情去攀附秦桧，反而像跟这位当朝权贵从来不认识一样，从不单独去拜见，有时工作需要，不得不和其他官员一起去拜见，他也只是对秦桧作一个揖就退出来了。

秦桧因此对这位昔日好友怀恨在心，又担心吴芾在朝堂上与自己作对，就着手打压吴芾。当时四川宣抚使郑刚中获得升迁，上书推荐吴芾接替自己的职位，称吴芾不仅适合担任这一职位，而且其气度恢宏远胜一般官员。秦桧见此更加不高兴，一日当面指责吴芾：“你这样沽名钓誉，标榜自己，这难道是有德长者应该做的事吗？”他暗示谏官上书弹劾吴芾，提议将他罢免。在秦桧等人的排挤下，吴芾被迫离开临安（今浙江杭州），先后担任处州（今浙江丽水）、婺州（今浙江金华）、越州（今浙江绍兴）等地的通判，又因勤勉为政而升任处州知府。

忠心谋国，谏言驻跸建康

吴芾为官清廉，勤政爱民，因为谏官何溥的举荐，由处州知府升任监察御史。当时金国准备违背宋金盟约，吴芾就劝高宗要全身心地提升自己的品德，切实认真地反省自己的过错，延请接见群臣，让他们陈述朝政的阙失，力求人事合于天地，无愧于祖宗，这样就会使全国人心悦服，即使是上天也会助顺南宋。高宗认为他说得非常对，使其迁任殿中侍御史。

后来，两淮战况对南宋不利，人心惶恐不安，朝廷众臣争着陈述退避的计划，吴芾却说：“今日的战事，只有进没有退，进是上策，退是无策。如果误听这些胆小鬼的馊主意，我担心士气衰竭，人心沮丧，大事就完了。建议派建王为元帅，火速前往前线督军，大势尚可挽回。”不久，金朝君主完颜亮去世，吴芾于是上疏劝高宗北伐亲征。高宗车驾到达建康（今江苏南京），吴芾就请求高宗将车马停留在建康，以建康为首都，顺应中原人民日夜期待王师收复失地的愿望。

高宗心里一度接受了吴芾的建议，但不断有大臣上书要求立即离开建康，回到临安，大部分谏官也集体要求东归，高宗又犹豫了。面对摇摆不定、下不了决心与金决战的高宗皇帝，吴芾上《乞驻跸建康疏》，指出建康龙盘虎踞，是六朝建国的根本之地，进可恢复中原故土，退可据长江天险，而且相比临安，建康地理上靠近襄阳、武汉等战略要地，离宋朝故都汴京更近，而当时中原故土百姓无不翘首期盼王师北伐，定都建康则能更加鼓舞天下士气。当此天下臣民犹疑观望之际，皇帝必须早下决心，明确下达驻跸建康的诏书，明告中外，使天下皆知“陛下不忘经略中原之意，则人心安而国是定矣”。吴芾痛斥那些一意退回临安的大臣们目光短浅，只为个人考虑，全不顾国家大计。

吴芾又说：“去年，两淮地区各个城池的守军望到敌人就奔跑溃败，没有一座城池能拒守的原因就是秦桧求媚金国、乞求媾和的余毒啊。皇上如果能一反秦桧壅塞言路、挫折士气的错误途径，那么我军士气可一天天振奋，如此那些在危难面前勇于献出生命的人就有了啊。”但是满朝文武都畏金兵如虎，吴芾苦苦进谏，最终不能挽回大局，高宗不久东还临安，没有抓住大好时机与金决战，令后人痛惜不已。吴芾不是武官，后人却以这篇奏章评论吴芾是位战略家。

此次定都之争，吴芾没有成功，而且又一次深深得罪了朝中的“议和派”。不久就有言官上书，说吴芾擅长理财，为了发挥他的长处，建议立即让他代理户部侍郎，实际上是借此解除他的御史之职。至此，吴芾在朝担任御史仅半年时间。随后，吴芾再次被排挤出中央政府，以集英殿修撰身份任婺州知府。

主政六地，一心为民政绩卓著

吴芾一生曾先后在处州、婺州、绍兴、临安、太平（今安徽当涂）、隆兴（今江西南昌）等六个州府任知府，都能根据当地的实际情况施政安民，宽猛相济，维护社会稳定，保护百姓利益，政绩卓著，深受朝野好评。

任处州知府时，下属各县按惯例上交若干钱财到知府衙门。吴芾对此陋规予以严厉斥责，并全数退回。他说："县里税赋本来就不足，现在大家为了讨好上司而送如此重礼，最后承受痛苦的难道不是老百姓吗？"

当时处州百姓负担的捐税繁重，民不聊生。吴芾重新审核户籍人口，增补了漏编的人丁，减轻赋税，不足部分由新增的人丁补足，受到百姓拥戴。

吴芾知婺州的时候，人还没有进入婺州辖区，就到处向人询问各县县令的情况，尤其关心有哪些县令能力平庸不能胜任。人家问他为什么这么急着了解，他说："县令是亲民官，如果县令不能胜任工作，知府即使满怀爱民之心，也不能把恩惠普施到老百姓身上啊。"

当时婺州财政亏空严重，不仅不能及时支付军饷，还欠交上级巨额税款。吴芾说："这都是官员无能啊！"他立即下令禁止官吏敲诈盘剥百姓，减轻百姓税赋负担，堵塞各种财政支出漏洞，对侵害百姓、贪污公款的官吏严惩不贷。不到两个月，府库充实，百姓富足，气象焕然一新。

婺州百姓以前苦于差役不均，争执不断。吴芾鼓励推行义役。婺州长仙乡十一户人家，自行按照甲乙的等级评定他们的田产，然后按照次第相继来服役，他们就这样做了将近二十年。吴芾让人用车载着他们十一户人家来到官府，亲自宴请他们，更改他们的乡名为"循理"，改里巷名为"信义"，以此来褒扬他们。

吴芾在婺州政绩突出，不久朝廷诏令嘉奖，改任绍兴知府兼两浙东路安抚使。吴芾刚到任，遇到某宗室子弟横行霸道，吴芾毫不顾忌，立即把他抓起来投进监狱。负责宗室事务的宗正司立即派员来要人，气势汹汹，态度骄横。吴芾主动向朝廷报告实情，自请处分。朝廷支持吴芾的做法，将那位宗室子弟交宗正司惩罚管教。经此一事，绍兴府上下皆知吴芾性格刚强，执法如山，无不敬畏。

绍兴当地赋税繁重，并且用物抵税的折色特别厉害，吴芾以皇帝、皇后梓宫在绍兴暂厝，上奏请求免去支移折变的赋税部分。境内鉴湖长期废用，恰逢这年收成不好，出现大饥荒，吴芾于是下令打开常平仓来招募饥民，疏通鉴湖。吴芾离任后，当地大姓为了从田中获利，使鉴湖再一次荒废。

随后吴芾调任代理刑部侍郎，迁任给事中，改任吏部侍郎，以敷文阁直学士的身份知临安府兼两浙西路安抚使。临安是皇城，内侍太监欺行霸市的事常有发生。有一天某内侍的家童殴伤酒家的酒保，吴芾逮捕了那个家童并加以惩治，在集市上示众，权豪都侧目畏惧，更加忌恨他。当权者为了排挤他，又调他任吏部侍郎，计划让他出使金国，以龙大渊为副使。吴芾说："龙大渊这个人是可以一同办事的人吗?"这句话后来被孝宗皇帝得知，于是出使金国的事情就停了下来，没有成行。吴芾下迁礼部侍郎，他上书力求去职，不允，改任提举太平兴国宫。当时，吴芾与陈俊卿都以刚直被人忌恨，不久，陈俊卿也被罢了官。阎安中向孝宗进言说："两个以刚直著称的人同时被罢官，这不是国家的福气啊。"于是，吴芾被起复任用，知太平州。

太平州原先是百姓安居的乐土，但经多年兵乱，此时已是百业荒废、民不聊生。吴芾到任后，采取宽厚治民之策，轻徭薄赋，正常的税赋之外一毫不取。太平州城楼毁坏严重，他每年安排各县轮换着予以修葺，并在姑溪架桥，方便百姓过河。

历阳戍守的士兵长期戍守，被打散要返回，他们扬言要奔赴太平州的郡界。吴芾召集他们，厚厚地犒劳他们后予以遣散，然后秘密地逮捕了提议作乱的士兵，把他们关进监狱，上报给皇帝。朝廷下诏褒奖，调吴芾以徽猷阁直学士身份任隆兴知府兼江南西路安抚使。

隆兴府土地广阔，盗贼多发，一些豪族横行乡里，祸害百姓。吴芾予以严厉打击，迅速扫清黑恶势力。他说："稗草不除，稻谷就不能成长。我也是不得已而为之啊！"

当年隆兴府发生瘟疫，病亡者很多。吴芾在救灾过程中发现，南昌城里有很多臭水沟，这是引发瘟疫的一个原因。他就发动群众疏浚河道，保持居民区干燥清洁，控制住瘟疫的蔓延。

致仕归乡，建成仙居小西湖

南宋乾道五年（1169）吴芾以龙图阁直学士致仕，晚退闲居，归隐乡里，时年六十六岁，自号湖山居士，于石井溪一带修建十里仙居西湖，又名小西湖。仙居西湖按照当年杭州西湖的规模与式样，集防洪、灌溉、景观于一体，位置在今官路镇北岙坑与永安溪交叉口的湖山（今官路镇后里吴村）、新桥、石井、增仁、叶沙田、乌眉潭一带，分为里西湖与外西湖，里西湖在今乌眉潭一带，外西湖在今增仁与叶沙田一带。《台州府志》记载当年有"十亭十榭"，湖岸桃红柳绿，湖中碧波荡漾。

吴芾寄情山水，勤于著述，广收弟子，与学界交流甚广，他与当时的王十朋（温州人）、陈良翰（临海人）并称"江浙三才子"。史称王十朋、吴芾、陈良翰为南宋奇才，"足以大任者，惜其不尽用焉"。而吴芾的那句名言，至今仍值得我们借鉴："视官物如己物，视公事如私事。与其得罪于百姓，宁得罪于上官。"

朱熹在台州任职期间，曾多次拜访吴芾，两人相见恨晚。吴芾退隐仙居后，朱熹钦佩其不造豪宅以显身份，不购置田产留予子孙，倾尽终身积蓄，按照杭州西湖格局建造仙居西湖，既有利于防洪、灌溉，又能让家乡父老同享西湖美景。淳熙九年（1182）金秋十月，朱熹专门来仙居西湖，拜访耄耋之年的吴芾。吴芾闻讯，倒屣相迎，"野服蓝舆出见，邀与湖上，延坐与饮，论说平生，俯仰感慨，遂以身后之传为托”。翌年，吴芾在仙居西湖安然辞世，享年八十岁。朱熹悲痛挽诗：“台省倾群望，江湖去一麾。语闻三谏切，政有百年思。”并亲自提笔，为吴芾撰写《龙图阁直学士吴公神道碑》。朝廷以吴芾忠心耿耿、直言不讳，谥号“康肃”，并恩准墓道立“赐谥敕牒”碑。很可惜朱熹撰写的洋洋六千余字的神道碑铭由于石质选料问题，于清中期前后就已风化坍塌，今存“赐谥敕牒”碑，历经八百余年风霜雨雪，依然挺立在官路镇后里吴村大岙里吴芾墓前，为浙江省第六批省级文物保护单位。

“赐谥敕牒”碑竖立于吴芾墓前，2011年被列为浙江省第六批省级文物保护单位。

延伸阅读

咏 松

吴 芾

古人长抱济人心，道上栽松直到今。
今日若能增种植，会看百世长青阴。

译文：古时候的人常常有帮助别人的心，他们在路旁栽种的松树令人们到今天还受益。今世的人如果和古人一样，多多种植松树，就会看到百年长青的松树。

清慎传家 陈庸

陈晨永

传世家训：民失所望，不可。

《太邱实公务本家训》：寡欲为养身之本，慎言为远害之本，清慎为当官之本。

陈庸（1120—1194），字时中，号一诚，谥忠简，今仙居县南峰街道清口园村人，历任南宋御史台主簿、太府少卿、中书门下省检正诸房公事、抚州知府、江西提点刑狱公事等职。为官清正廉洁，卓有政望，被百姓尊称为“陈提刑”。

在古代仙居籍监察官中，陈庸为官一尘不染，为人一身正气，身后入县城文庙西庑的六贤祠。作为两宋时期的仙居名宦，陈庸在修身、齐家、治学、从政等方面都留下了许多精彩的论述，尤其对仙居御史监察官家训文化的萌发和形成具有承前启后的重要作用。

求学方氏义塾

陈庸两岁丧父，十五岁丧母，然而天资聪颖，敏而好学，少年时曾跟从乡贤名儒吴芾、方斫游学，逐渐显露才华。宋朝文化高度繁荣，仙乡大地以桐江书院为代表的耕读文化盛极一时，蔚然成风。

绍兴二年（1132），陈庸十三岁，初到皤滩求学，追随当时方氏义塾的创办人方斫。凭着刻苦钻研，陈庸在一众学子中脱颖而出，地方志称"从乡先生方斫游，斫奇之"。当时的桐江书院还处于方氏义塾时期，生源基本上来自本村，也有附近村落的。陈庸家在仙居县城，从县城到皤滩相距五十里。

在此期间，陈庸认识了一位大名鼎鼎的仙居乡贤吴芾，后者历任监察御史、绍兴知府、龙图阁直学士，《宋史》有传。吴芾家在田市镇吴桥，位于皤滩与县城中间，论年纪比陈庸大十六岁。陈庸到方氏义塾求学那一年，恰巧是吴芾考中进士、官任秘书省正字的那一年，而后因揭露秦桧卖国专权被罢官回家。方斫和吴芾系旧交，继而引见得意门生陈庸和吴芾认识。在此以后，吴芾和陈庸亦师亦友，成为一生挚交。

初入仕途，工作出色

寒窗十年磨一剑，"少治《春秋》"研习传统儒学的陈庸开始走出仙居，进入台州府学。由于学业出色，陈庸被台州府"宾贡"于临安太学。所谓"宾贡"是指古代地方向朝廷推举人才时，待以宾礼，贡于京师，成为"博士弟子员"，也就是成为太学生。

南宋绍兴二十一年（1151），陈庸考中进士，时年三十一岁，赴湘乡县担任主簿。主簿是知县的"佐贰"（辅佐人员），地方政府的事务官，一般管理钱粮税赋。陈庸是一个勤勤恳恳热爱本职工作的人，为人谦逊有礼，干活用心尽力。湘乡县衙门里的人都很喜欢他，到了年底考课为优等，上官有意将他举荐给地方安抚使。陈庸知道后，婉言谢绝。

之后，陈庸转任宁乡主簿，依旧兢兢业业、不辞辛劳，辅助县令，很快就打开了工作局面，一个月后“境内称治”。当时，南宋威武军节度使刘锜（与韩世忠、岳飞等并称中兴名将）安抚视察过境，特别留意杰出人才，当地官员将陈庸推荐上报。不久，陈庸转任南昌县丞。

为民做主，坦荡辞官

其间发生了一件事情，对于陈庸及陈氏家族都有不可低估的影响。当地行政长官也就是南昌府安抚使“命公受民所输军士之衣”——交给陈庸一项购置军衣的任务，去民间采购士兵军衣，要求“以纸钱市簿鲁”，即以纸币支付给百姓，而且“高其估，强其民使售”。说白了，就是人为操纵纸币的购买力，甚至于强买强卖，与民争利。

纸币始于北宋，流行于南宋，属于货币经济繁荣的自然结果。不过，南宋后期因为滥发纸币，货币贬值，物价飞涨。“高其估，强其民使售”显然不那么厚道，而且与民争利的事情已经触及陈庸的道德底线。

在这件事情上，陈庸耿直的一面完全体现出来，他拒不领命，并向上司坚持自己的观点：“民失所望，不可。”即我们为政主事可不能让百姓失望！正是这样的不合作态度触怒了地方长官，南昌府衙门随即另派他人经办，自然就把陈庸晾在了一旁。陈庸反省来反省去，得出这样的结论：“不得其职，则去。”——既然我干不了这工作，与其内心受煎熬，那还不如一走了之，所以很痛快地“事了拂衣去，深藏身与名”，这是他仕途遭遇的第一次挫折。

建碧栖堂书院

年少时候于方氏义塾（即桐江书院前身）“从乡先生方斫游”的求学经

历成为萦绕陈庸一生的美好回忆，使陈庸更加意识到书院教育的重要性。在方斫等人的启发之下，承载着方氏义塾文化基因以及陈庸育人理念的南峰山碧栖堂书院闪亮登场，这或许是方氏义塾办学模式被借鉴推广的第一次尝试，也是一次卓有成效的尝试。时至今日，碧栖堂书院在历代《仙居县志》中均有相应的记载。

陈庸用心经营碧栖堂书院，寄寓了许多个人的感情因素，期望从碧栖堂书院走出的学子能够品学兼优、为国效力。陈庸不但将方氏义塾的办学思路纳入新办的学院，而且将程朱理学许多理论著述作为必读科目进行传授。陈庸还规定将白水先生刘勉之编纂的学术著作作为范本，并着手自编碧栖堂书院教材。这一份带有陈庸理想温度的陈氏教材最终面世，有着鲜明的理学思想印迹。他以此教育四个儿子，并传承至后代子孙。

将“克己”思想融入陈氏家训

陈庸很重视白水先生刘勉之的学术思想，在自己创办的碧栖堂书院大力推广其学说。刘勉之，南宋建州崇安（今属福建）人，一生不仕，闭门讲学，是理学从二程之学发展到朱熹之学的一个重要人物。刘勉之交游海内名士以后，辞归武夷山，专事讲学。其理论特别注重“克己”，教授诸生“训以为己之学”。

“克己”两个字其实是“修身、齐家、治国、平天下”的出发点，这也是整个道德体系的出发点。“己所不欲，勿施于人。”只有“克己”，才能向善崇德，和睦家族；只有“克己”，才能清廉自守，淡泊明志。白水先生的弟子和女婿朱熹也是陈庸一生的挚友。朱熹继承了刘勉之学说，对“克己”作了进一步发挥，认为“克”意为“胜”，“己”指的是“身之私欲”。

陈庸很欣赏刘勉之、朱熹的“克己”思想，进而将之化为碧栖堂书院修身处事训诫：“己所不欲，勿施于人。行有不得，反求诸己。”前一句讲自己不喜欢，也不要给对方增添烦恼；后一句讲事情做不成功，遇到了挫折和困难，就要自我反省，一切从自己身上找原因。陈庸在此基础上将“克己”思想进一步融入陈氏家训，明确提出“五刑五罚五劝五赏”，虽然只有一百四十字，但字字珠玑，语重心长。例如“为奸为盗者革逐刑”“横行不法者罚”“和睦乡里者劝”“各安职业者赏”等观点，将修身之法、育人之本以浅显直白的语句警醒告诫子孙，教化掷地有声。

居家期间，陈庸在思考碧栖堂书院以及陈氏家族的未来，留下了许多睿智的见解，也在仙居御史监察官家训上留下了浓墨重彩的一笔。南峰山位于仙居县城南永安溪畔，乃县邑名胜，被誉为“安洲第一山”，山上流云如苏，山下白帆点点。碧栖堂书院是陈氏私塾，琅琅书声穿云裂帛般纵贯历史经纬，洒下多少崇文尚教的精彩华章。陈庸之后，车门清口园陈氏人才辈出，或以才情名世，或以政声传世，显然与陈氏家族成功的家风家训教育分不开。

上任履新，成就不凡

赋闲在家的日子过得很快，也过得很充实，陈庸一度醉心于自己办学育人的事业。不过，世事变幻难料，这位碧栖堂书院里的“寓公”最后还是从书院里走了出来。当地的转运使认准陈庸是个可造之才，将陈庸任命为江西南城负责财赋征收的转运司官员。

当时南城县监狱人满为患，陈庸到任时发现，南城衙门里面满满排列着各类刑讯械具，不少犯人都是拖欠皇粮国税的百姓。陈庸“恻然曰：‘彼诚何辜？’”——同情地说，他们实在又有什么罪呢？思考后就发文下令全部释放。面对来自上级的诘问，陈庸坦然道：“给我两个月时间来处理这件事情。”然后他发出通告让百姓自行缴纳拖欠的钱粮。

在所有人的疑虑和关注中，那些百姓看到通告后踊跃前来缴税，才不过一个月就“财用充足”。三个月后，陈庸圆满完成转运司征粮纳税任务。

工作完成了，陈庸也该离开了。辞别南城之时场面非常感人，南城吏民遮道而哭，依依不舍。

从吏治着手，端本澄源

离开南城，陈庸改任宣教郎、江西筠州高安知县。筠州盛产竹子，故以“筠”名，当地民风强悍好讼，不是一个容易管理的地方。通过连续查阅案卷、走访士民，陈庸了解到实际情况是，高安县乡村缺少有威望的乡绅阶层，乡村社会秩序失衡，进而产生大量诉讼官司。而且一些简单的案件本来差不多已经了结，没想到过了一阵子，又如同野地春笋寸寸拔节。看来，筠州这个地方还真是比较棘手。

找到了原因，接下来就是如何破解难题了。陈庸的办法看似很简单也很实用，他专门编印出规格统一的诉讼登记簿册，诉讼者人手一份，要求负责任如实填写，违者严惩。不识字者允许到衙门来直接反映问题，反映属实依律处置，即使涉及官府中人亦不姑息。没过多久“诉顿息”，原来群情汹汹、争相诉讼的局面得到了纠正。

陈庸事后说了这样一句话：“彼之有争皆吏为也！”八个字直接点题，民间的诉讼为什么久久不决，成为流弊，其根源还是在于县衙，在于县衙之吏，在于人。不仅如此，陈庸还下令，凡是官吏处事不力或不公导致诉讼发生并引发严重后果的，一律抵罪，问责锋芒直指官衙里的贪庸懒散之风。

反对取民太甚，竭泽而渔

陈庸转为朝奉郎，到江苏常州担任地方官。常州治下的宜兴产丝帛，历年上贡的丝棉布帛都比较多。宜兴属于两浙西路，恰巧是本路转运使的故乡，转运使嘱咐陈庸把宜兴的岁贡匀给其他地方。陈庸考虑再三，从各地经济发达程度来测算，没有轻率答应下来。这样一来，转运使就很不高兴，找了个借口把陈庸降级使用。

陈庸的仕途又碰到了一次大的挫折，他向朝廷要求到台州崇道观担任祠禄官，然而朝廷不允许。皇帝在临安府召见陈庸，问：“一直以为你为人正直、纯朴，所以才予以信任和重用，这次到底是什么原因要请任祠禄官呢？”陈庸却没有向皇帝详细禀告自己所受的不公正待遇，而是借机为百姓民生向皇上进谏。在面临个人去退留转的重要关头，陈庸一心所系所念的还是百姓利益，皇帝听了之后很受触动。

断然下令开仓救济

不久，陈庸升任太府少卿、中书门下省检正诸房公事，履职新岗位。中书门下省检正诸房公事是辅助宰相处理日常政务的官职，位尊权重，又称宰属。

由于工作出色，上下交誉，陈庸又转任朝请大夫、提举常平使，负责管理赈荒救济、农田水利等事宜。陈庸在这个岗位上写下了执政为民的精彩一页。那时，江南境内水旱相连，引起连年歉收，灾民流亡饿死。陈庸到各地视察灾情，灾后情形触目惊心，可以说是非常凄惨。陈庸断然下令开仓救济，挽救了一大批灾民生命。

当时，有人提醒没有上官旨意就开仓济民，这样的做法很危险。面对空空的粮仓和善意的提醒，陈庸说了句“国以民为本，若必待旨，靡有孑遗矣”，意即国家以人民为根本，如果什么事情都要一一向上请示等回复，那么在重大灾害的危急关头，百姓还能剩下几个呢？陈庸处理好赈灾善后的事情后，很自觉地赶到临安负荆请罪，“以身待死于朝”，显然是豁出去了。最后的情节峰回路转，皇帝不但没有怪罪他，反而嘉奖他：“朕以民为本，民以食为天，尔尽忠护国之心炽热，何罪之有？”表扬他尽忠护国的耿耿忠心。

人生的最后岁月

时光如流水，岁月催人老。陈庸出任抚州知府，上任之前，他带着儿子陈愿、陈章以及孙子陈廷兰、陈光、陈邕等人前去拜访朱熹，并让他们好好跟朱熹学习。由此可见，陈庸和朱熹交情之深厚。

陈庸到任抚州知府后，当地官吏将辖区内的奸民名单上报等待查处，陈庸反对这种简单化做法，要求重新按照律法逐一排摸，不得凌驾于律法之上，不能凭个人好恶为所欲为。在陈庸的德行感召之下，个把月后整个州郡气象一新，百姓不用催征就及时纳赋税、服徭役，当时的人们都叹服不已。

后来，陈庸转任朝奉大夫，赐紫金鱼袋，御赐名号“诚斋”，担任江西提点刑狱公事。可惜天不假年，一场突如其来的疾病摧垮了陈庸的身体。弥留之际，老朋友朱熹闻讯前来驿馆探望。陈庸做了人生最后一个决定，将青丹诗稿、赤胆谏章以及个人文稿一并托付给朱熹，希望能够对后人有所裨益。

著述家训，清慎传家

陈庸十分清廉，珍惜名声，不管在哪里为官，都能严格要求自己。地方志记载：“公性淡泊，不治生业，有田二顷，不赡囊橐。”陈庸注重家训家教，他临终前说：“若豚儿辈，望开心学，接踵渊源。”希望儿孙辈们能够潜心钻研，清白做人。

陈氏家风，既通过言传身教，也通过家规家训的撰述来实现代际传承。仙居车门陈氏奉陈实为始祖。陈实，字仲弓，号太邱，谥号“文范先生”。《太邱实公务本家训》有云：“孝悌为立身之本，读书为起家之本，勤俭为保家之本，清慎为当官之本，是以君子亟亟于务本。”陈庸谨记先祖“清慎”的为官之道，因坚持理想不改初衷屡次遭贬。尽管如此，陈庸还是谨奉“清慎莅官”理念，终其一生决不违背。不仅如此，陈庸还进一步修订陈氏家训，严明陈氏“五刑五罚五劝五赏”二十条家训，要求后代子孙务必“克己”“勤勉”。

陈庸治家甚严，四个儿子括、愿、章、拱俱为栋梁，先后都进士及第，被授予官职。陈庸专门写文交代注意事项，要求他们务必做到“清慎”。儿子们空暇来看陈庸，陈庸还要把他们叫到内室来逐一问话考查。

严管才是厚爱，陈庸的后代子孙中，为政后清正廉明、忠贞不渝者有如泉涌，可以列出陈括、陈愿、陈章、陈拱、陈邕、陈正大、陈仁玉等一长串名字。仙居旧志记载，青云坊“在县南，为陈庸、陈章建”。陈庸有“陈提刑”之称，陈章有“小提刑”之称，父子两代人均担任过监察官员，清廉自守，受百姓爱戴。

“大臣遗风”匾额，现保存于仙居县南峰街道清口园村陈氏祠堂内。

陈庸和朱熹交情维系一生

南宋绍熙五年（1194）四月二十日，陈庸病逝于江西吉州吉安县馆驿，享年七十五岁。此时朱熹改任浙东提举。朱熹不忘老朋友的临终托付，上疏于朝详禀陈庸一生勤政为民的事迹。朝廷赐谥号“忠简”，钦命礼部“御奠”陈庸。

绍熙五年九月，陈庸“御葬于本县三十二都李回山白云庵之原”，当时朱熹“奉檄主管台州崇道观”，“奉诏敕下于九月戊申，晦庵填讳，御葬讫矣”，即由朱熹为陈庸墓“填讳”（旧时子孙为祖先撰写行状碑志等文字，请人代写祖先名号）。

陈庸逝后，朱熹作《挽陈检正庸》诗二首，其一云：

厚德高贤躅，清名起懦襟。
承宣几年最，明恕一生心。
势屈飞腾晚，忠存献纳深。
忽骑箕尾去，陵柏为谁阴？

其二云：

忆昔都门道，光华辱宰卿。
丁宁话盐筴，纤悉见民情。
一别惊时论，三年想颂声。
只今空老泪，难得浊河清。

字里行间，挚友之思，殷殷情深。

陈庸严明陈氏二十条家规

五刑：不孝不悌者官法刑，为奸为盗者革逐刑，不和不睦者拘究刑，欺妻宠妾者无伦刑，为非作歹者鸣鼓攻责刑。

五罚：异姓乱宗者罚，横行不法者罚，祭祀不时者罚，欺祖盗葬者罚，欺孤逐寡者罚。

五劝：为忠为孝者劝，和睦乡里者劝，尊祖重宗者劝，抚孤慈幼者劝，贞节操行者劝。

五赏：修造宗祠者赏，标样祖墓者赏，和宗睦族者赏，各安职业者赏，光宗耀祖者赏。

德才兼备 吴津

方炳乾

传世家训：顷年得禄储谷数千斛，请以均济岁侵。

吴津（1133—1196），字仲登，今仙居县田市镇吴桥村人，吴芾长子，乾道五年（1169）进士，历任宣教郎，知处州丽水县添差、绍兴府通判，知广德军。后以足疾请辞，改任知兴化军，但没有赴任，于庆元二年（1196）病故于家中，享年六十四岁。

任职丽水，小试牛刀

吴芾官至龙图阁直学士，吴津可算是出身钟鸣鼎食之家了，但他丝毫没有沾染纨绔子弟的恶习，自小志趣高雅，聪慧好学，博览群书，尤其喜欢《文选》，能从头至尾背诵。

吴津考中进士之时，恰是其父亲告老还乡之日。入仕之初，他从宣教郎做起。宋代的宣教郎，又名迪功郎，是县级衙门的起步官阶，位居县令、县丞、县尉之后，协助县令分管文教事项。吴津不分官位高低，“唯百姓至高”，一心扑在工作上。好不容易逢年过节来仙居，父子俩久别重逢话语未尽，儿子吴津却又急急奔赴工作。吴芾只好以诗《送津儿还任》与儿共勉：

汝到庭闱话未终，若为行色又匆匆。
要知只有归来好，便做三公亦是空。

吴津在任丽水县添差期间，没有辜负父亲吴芾的期望。由于长期在吴芾身边侍奉，吴津对于为官为政的知识可以说是了然于胸。在丽水任职，对于吴津来说只是牛刀小试。据《光绪仙居县志》记载，吴津曾在一段时间里行使过县令的职权，他决讼如流，使得官衙里无久拖不决的案件，并加强对盗窃、抢劫类案件的打击力度，使得丽水居民得以安居乐业。

通判绍兴，获朱熹举荐

吴津担任绍兴府通判期间，适逢朱熹任提举浙东常平茶盐公事。朱熹与吴津的父亲吴芾交情深厚，淳熙九年（1182）朱熹专门前来仙居看望吴芾，翌年吴芾去世，朱熹还亲自为他撰写了六千余字的神道碑铭。同时，朱熹与吴津平时也在诗文方面交往密切。吴津到任绍兴，朱熹把救荒职责交给了他。吴津兢兢业业奔走于田间地头，时时处处记挂着百姓疾苦，考虑问题深入周到，处理政务精明干练，深得朱熹的信任。乾道四年（1168），朱熹在处理崇安水灾时，力劝豪民发藏粟赈饥，还向官府请贷粮食六百斛散发于民，使灾民不致挨饿。无独有偶，吴津在绍兴救荒过程中表现出的爱民如子情怀、采取的救贫济困行动，与朱熹处理崇安水灾时的情形如出一辙，因此两人惺惺相惜，吴津提出的意见建议，朱熹全盘接受，全力支持。朱熹专门上表奏向朝廷举荐吴津，吴津得以升任广德知军。

离任广德，万民以泪相送

吴津任职广德期间，遇上百年一见的旱灾，庄稼无法下种，粮价飙升，百姓嗷嗷待哺。吴津亲历乡间，遍访乡贤，举旗抗灾，足迹遍布田头巷尾。面对灾情，吴津火速向朝廷报请，得以减轻当地税负。吴津又向江浙地区求援，调运粮食，终于平抑了粮食价格。另一方面，他积极采取措施，赦免释放犯了轻罪的囚徒，让他们参加生产劳动；减轻商业税负，促进商品流通市场繁荣；兴修水利，增强抗灾能力。由于救灾有力，这场百年一遇的大灾，并没有造成饿殍千里、百姓流离失所的惨状，反而民心安定，生产迅速恢复。

这时，吴津患了足疾，向朝廷申请回家养病，得到批准。《光绪仙居县志》记载："（吴津）而去遮道拥车，至有泣者，曰：官何来之暮而去之速也！"离任之日，广德百姓自发上街，拦住吴津的车辆，许多人哭着说："你怎么来广德这么晚，却离开广德这么急啊！"

子承父志，厚待邻里乡亲

吴芾心地善良，为人厚道，归隐湖山后，全部精力都放在关爱邻里、救济贫民上。荒年时以平价卖米给乡民，碰上无钱买米的穷人，他就主动给人家送钱送粮，遇到生病的，他买药送给人家，甚至连穷人家有人去世后的棺木，都是他帮人家买的。

吴津对父亲的善举非常支持。吴芾长年累月乐善好施，多年当官积蓄的家底也渐渐有些空了。有一年收成不好，父亲正为没有足够的钱粮救助乡邻而发愁，吴津回来了，说："我这几年靠朝廷俸禄，积蓄了几千斛稻谷，请父亲大人帮我分发给有需要的乡民吧！”吴芾大喜，称赞儿子有当年范仲淹以一船粮食赠人的气度风范。

吴津为人庄重恬静，和颜悦色。他生活简朴，用度节俭，但对待亲戚朋友非常大方。父亲去世后，他对父亲的生前亲友依然像父亲在世时一样尊敬。

吴津因病休养后，朝廷又任命他为兴化知军。很可惜，吴津尚未赴任便因病去世，享年六十四岁。吴津诗文平淡，援笔即成，蔚有父风，有集十五卷藏于家。

吴津有四个儿子。长子吴机，朝请郎，知吉州（今江西吉安）军州事。次子吴朴，宁波鄞县县丞。三子吴栻，福建福清县主簿。四子吴标，开化县尉兼主簿。吴津为人达观，移风易俗，支持次子吴朴自由婚姻，只要情投意合，即便是乡间民女，也可鸳鸯并宿，结为秦晋之好。因此次子吴朴在宁波鄞县担任县丞期间，做了四明山史姓人家的上门女婿。吴朴的女儿嫁给了南宋名臣、文学家楼钥的儿子。楼钥为鄞县人，进士及第，官至参知政事。楼钥也是著名书法家，他亲自为吴津撰写了墓志。吴津墓地在“郭但（今谷坦）山兴化之原”，1978 年建造谷坦水库，墓道颓废。《吴津墓志》出土后，流入市场。吴津后人、县供电局职工吴金台费尽周折从藏家手中购回。经相关专家鉴定，《吴津墓志》可称仙居第一宋碑。吴津身故之后，朝廷为褒奖吴芾父子，建折桂坊于县城。

吴氏“折桂里”遗迹。

清如冰玉 郭晞宗

李益民

传世家训：子孙器识可以出仕者，当力勉之，既仕，须奉公勤政。

郭晞宗（1136—1204），字宗之，今仙居县南峰街道船山村人，淳熙五年（1178）进士，历任松阳县主簿、绍兴司法参军、郢州教授、处州通判、道州知县、福建路市舶司提举、琼管安抚等。

明察秋毫，革除弊政

郭晞宗祖上在五代时曾担任永安镇（仙居县前身）都监，因此举家迁居于此。郭晞宗的父亲郭仲珉以承务郎致仕。郭晞宗小时候就天资聪慧而远近闻名，先后跟随陈庸、吴芾等仙居先贤学习，学业猛进，淳熙五年（1178）登进士第，授处州松阳主簿。

当时松阳县户籍税赋等账册多年无人整理更新，混乱不堪，胥吏衙役朋比为奸，浑水摸鱼，上下其手，百姓叫苦不迭，抵触抗拒缴纳租赋的情绪越来越强烈。松阳县令是个忠厚人，因为害怕出乱子，日夜担惊受怕，却又不知从哪里着手去纠正。郭晞宗到任，县令如抓住救命稻草一般高兴，对他说："你来真是太好了，我天天为催收赋税所累，今后就拜托你了。"郭晞宗说："这是主簿的本职工作，放心吧。"他立即开始审阅户籍账册，马上发现了许多猫腻。他指着账册问经办的胥吏衙役："这处土地登记的是江侍郎的田产，请问这位江侍郎是哪里人？家里的子孙都有谁啊？"胥吏衙役张口结舌，支支吾吾不知所云。郭晞宗说："那是不是说根本没有这个人啰？"胥吏衙役只得下跪认错，如实交代情况。郭晞宗趁热打铁整理账册，纠正冒滥弊端，百姓心悦诚服，主动缴纳税赋，并到处州府去颂扬郭晞宗的政绩。吏部派出的巡视员芮辉端庄严肃，喜怒不形于色，独对郭晞宗十分器重，说："此地百姓都争着称颂你的功德，说明你真是一位好官员。"处州府许多久拖不决的疑难案件，都请郭晞宗参与判决定罪，他明察秋毫，胥吏弄不了鬼，案件都得到公正的判决。

郭晞宗担任郢州教授时，这个楚国古都已经是文风衰败，举业不振，令人痛心。郭晞宗一到任就上门拜访乡野宿儒，重奖学业有成的读书人，大力倡导好学之风。不久，四方学子纷纷涌入郢州求学，好学之风大盛。

主政信阳，政绩卓著

此时郭晞宗受人诬告，被免去职务，不久又被重新起用为信阳知军。当时信阳有很多荒地，本地人和外来人都争相垦荒，起了争执，各方就凭势力来解决，成为一个严重的社会问题。郭晞宗张榜公示垦荒政策，严令禁止武力争斗行为，使大家都能安居乐业。

信阳县有纸坊、油户、姜园、漆林及樵薪、窑炭等行业原先没有征税，郭晞宗认为应该把这些都纳入统一征税的范围。有胥吏说："不能这么做。这些没有征税的行业是历任特意留下的，并不是不征税，而是在州衙安排摊派税外费用时，向他们收费来应对。如果现在纳入征税，以后上级有不时之需时，我们就麻烦了。”也就是说，这些没有征税的行业是县里的小金库，应付上级可以用，县里官员自己也可以随时取用。郭晞宗坚决杜绝了这个腐败的漏洞，他说：“州府知道我们没有小金库了，也就不会向我们额外再索取了，我也有理由拒绝他们了。”

过去信阳百姓都不愿意服劳役，能推则推，能逃则逃。郭晞宗到任后，设法减轻百姓劳役负担，规范服劳役的制度，革除冒滥弊政，深受欢迎，老百姓争着要求提前服劳役，他们心里有本账：“现在碰上了好县官，体谅百姓，税费劳役负担只有原先的十分之一，我不能错过这个好时机啊。”

信阳有几十件久拖不决的积案。这些案子之所以拖着，不是因为难判，而是胥吏们故意留着，可以吃了原告吃被告。郭晞宗到任不久就审查案情，没费多少时间就全部依法判决了，结果惹恼了那帮靠案件牟利的胥吏们，他们不肯罢休，到处告状，一直告到吏部巡视特派员那里。那位特派员明确支持郭晞宗，胥吏们才不得不认输。从此，信阳县基本上没有遗留的诉讼案件。

信阳以前多盗贼，郭晞宗集中力量予以打击，抓捕了大批不法之徒，治安形势迅速改观。有豪强捆绑几个强盗来到信阳，意图敲诈百姓。豪强指着某人问被捆的强盗：“这个人曾窝藏过你吗？”强盗说：“是。”于是那豪强就指这位无辜者为强盗同伙，要把他抓起来，送官府治罪。那个人只得出钱消灾，无钱的则是百口莫辩，被送进牢狱。郭晞宗发现后，立即派人把这个敲诈团伙抓到县衙。那个豪强事先已经大量贿赂州县胥吏，胥吏威胁那些蒙冤入狱的囚犯，使他们不敢说出实情。郭晞宗调离了原先的主管胥吏，派人到监狱与被诬陷的囚犯谈话，让他们放心说出实情。拿到口供后，郭晞宗把那个土豪依法治罪，被诬陷者全部释放，一时人人称颂。后来郭晞宗的儿子在另一个县投宿时，旅店老板得知他是郭晞宗的儿子，非常热情，并感慨地说："郭知军身体好吗？谁能把郭长官调过来治理我们县就好了！"

信阳县庠荒废多年，学风不振。郭晞宗说："信阳是古申伯国，文化底蕴深厚，好学之风一定要振兴起来！"他选址义阳山脚，为县庠筑宫百楹，备齐所有教学设施，鼓励士人求学。

公推为处州最贤能的官员

郭晞宗担任处州通判期间，善于处事，尽心尽力辅助知州做好本职工作，忙得没有时间考虑个人利益得失。他对衙门里各个机构的职能了然于胸，对需要处理的事情非常清楚，一看到各类请示报告，就能够迅速做出批示，指出工作误区，提出解决办法，非常切合实际。侍立在旁的老胥小吏看了以后都心悦诚服，不敢从中捣鬼。各地读书人路过处州时，都喜欢来衙门找郭通判，请他出主意帮忙解决各类纠纷。郭晞宗也非常耐心地帮助别人平息纷争，化解疑难，伸张冤屈，受其恩惠的人都很感激他。郭晞宗在处州口碑非常好，"括人至今推贤，以公为首"——以至于当地人一说起郭通判，一致推举他是处州最贤能的官员。

德政教化百姓

郭晞宗被朝廷选中到道州（古称春陵）担任地方长官。道州在湖南省，地方狭小，百姓贫困，郭晞宗着眼长远精心治理，推行德政善政教化百姓，很有唐代道州刺史元结（关心人民疾苦，留下《春陵行》诗）遗风。当地旧例，征收秋粮以斗斛来计量，而且要按五倍数量征收。郭晞宗认为这是不对的，提议除去这一陋习，道州地方官员都认为这样不行。郭晞宗说："只要我们问心无愧，其他的就不要计较太多了。"不但不要求按五倍数量征收，而且放手让百姓自己去量粮入库，以示信任当地百姓。

道州酒税征收得比较厉害，百姓知道郭晞宗“约己利民”的品德，向他反映市面上凡是私人卖酒的经常受到不公正对待，而且税收较重。郭晞宗知晓后，向当地官民公布自己的为官准则：“吾惟取民便耳。”颁布条令采取了便民措施，削减酒税，阖郡上下都称好。等到郭晞宗为官期满要调走时，当地百姓成群结队赶到御史衙门，恳求郭清官继续留任。算起来，郭晞宗在道州地方为官一年，政治清明，社会安定，把当地治理得井井有条，治理成效在两湖一带是最好的。

为官清如冰玉

后来，巡察御史据实向上禀报郭晞宗的政绩，获得朝廷肯定。由于身患疾病，郭晞宗请求担任祠禄官等闲散职位。可是，朝廷特别欣赏他的能力品行，最后派其担任管理福建市舶司的提举官。上任之前郭晞宗先回仙居休养身体，一度很想能够终老家园。然而，一道圣旨要求郭晞宗即刻赴任福建，在家终老之计无奈成空。

郭晞宗一到福建，不顾年老体弱，立即忘我地投入工作，清查市舶司历年积弊。看到郭提举官身体力行不辞劳苦，衙门里跟着干活的人没有一个有怨言的。少数民族前来反映情况，都能得到亲切友好的对待，因而前来找他的人一个接一个。清查工作得到了众人支持，进度大大加快。当时泉州知州章良能赞叹郭晞宗为官清正，有如冰玉！

临终叮嘱，忠孝廉谨

在任期间，郭晞宗心态平和，品行高洁，对个人荣辱进退看得很淡，当官严于自律，亲友之间馈赠，只要是用公款支出的，他都严词拒绝，一概不受。

后来，郭晞宗旧疾复发，向朝廷请求不再理事。然而，朝廷又授以新职——琼管安抚。到了需要动身赴任的时候，郭晞宗已经卧病在床难以起身。病危时刻，郭晞宗把衙门里的官吏全部叫来仔细叮嘱，所有告诫的话都与工作有关，没有言及私人私事。郭晞宗临终时头脑清醒，嘱咐家人身后事，特别教诲子弟务必要做到忠孝廉谨，立身为人。

嘉泰四年（1204）十月末，郭晞宗病逝于福建市舶司的官舍。郭晞宗逝世后，来自少数民族的罗邑智力才等数十人钦佩其为人，跪拜在庭院自愿守灵，日夜点燃异香，扎着头巾叩拜，祭祀的声音非常响亮，回音久久萦绕不去。

郭晞宗灵车经过的地方，当地父老乡亲迎柩痛哭，送者络绎不绝。次年，郭晞宗葬于仙居县莲塘山，南宋兵部侍郎何澹为其撰写墓志铭。

宋理宗颁给郭晞宗第四子郭嘉卿《敕赐继一处士诰词》，称颂郭磊卿“立朝鲠直”，郭嘉卿“振华当代”，赞扬“郭氏一门之多奇节”。该文刻于郭氏墓前石碑，后移至仙居县南峰街道船山村郭氏宗祠。

郭氏一门竞秀

地方志记载，南宋郭晞宗“教子甚严”“一门竞秀”“皆以文行，自将其志节，声闻在人，弗可掩也”。五个儿子均为显宦，人称“郭氏五龙”。不仅如此，其子孙辈同样非常优秀，印证了郭氏家风家教的重要性。

郭晞宗长子郭森卿，曾任夔州通判。次子郭明卿，嘉泰壬戌（1202）进士，曾任抚州通判。三子郭垚卿，曾任浙东兵马都监，本州驻扎。四子郭嚞卿，曾任襄阳府南漳县尉，漕司物斛官，赐号“继一处士”，创办冲庵书院（城峰中学前身）。五子郭磊卿，也是最负盛名的一个，历任严州通判、枢密院编修、兵部郎官、右正言。郭森卿长子郭存中，登宝庆丙戌（1226）进士。郭明卿次子郭用中，登嘉定庚辰（1220）武进士第，授承节郎、镇江府驻扎，复擢御前诸军都统制同准备将。郭嚞卿之孙郭缙，景定壬戌（1262）进士。郭氏一门，人才辈出，的确不同凡响。

德政惠民 陈章

陈晨永

传世家训：科甲世家，以尽忠报国。

陈章（1144—1228），字子云，陈庸第三子，今仙居县南峰街道清口园村人，南宋孝宗淳熙八年（1181）进士，历任同安县主簿、温州通判，后为朝议大夫，知常州军，知建昌军，官至中宪大夫，提举建康府崇禧观。

继承“清慎”“克己”家训

陈章是南宋御史台主簿、江西提点刑狱公事陈庸的第三子。自陈庸开始，车门陈氏一门人才济济，在陈庸四个儿子中，陈章很好地继承了陈庸的作风。地方志记载他“为官清正，有陈庸风，人称小提刑”。

陈章考中进士，异地出任福建同安县主簿，陈庸手写“清慎”两字家训相授，要求恪守家规家训。后来，陈章和其他几个兄弟均在外为官，每次去拜见父亲，陈庸都会把他们叫到内室了解各自的政绩官声，要求做到“克己”。“克己”两个字也成为陈章一生信守的家训箴言。

家训是有形的规范，家风则是无形的传统。在实际生活中，家风的形成、传承有赖于家训家规的点滴渗透，令后辈能够亲沐其风，心心相印，自觉传承。陈章身体力行遵循“克己”“崇德”的家训理念，步入仕途后，陈氏“清慎为当官之本”的家规更是影响其一生。

出任温州通判，德政惠民

陈章担任温州通判时，勤政为民，在任上做得有声有色。他刚到任就发现当地民风比较剽悍，尤其喜欢打官司，而且涉及缴纳税赋时，百姓就会采取各种方式逃避，导致收税千难万难。陈章得悉情形后说道：“宁可不做农活也要来官府诉讼，这到底是什么样的心态？其中必有缘故。这种风气害人害己，长此以往实在要不得！”

缜密考虑后，陈章把这些诉讼老户都叫来，集中在衙门厅堂耐心询问。在规劝大家要安居乐业、勤劳做事的同时，陈章很严肃地当堂发誓：作为一名通判官，不该拿的我一文不拿，不该加的我一笔不加。然后，陈通判和他们一起讨论交流，税收应当降到一个什么程度才算是合理。这些诉讼者都心悦诚服，保证回去之后不再来了。

宋制，通判的日常职责包括掌管粮运、家田、水利和诉讼等事项。作为一名来自山城仙居的官员，陈章自小就在家里干农活，他很清楚地知道农业生产关乎国计民生。民以食为天，而水则是粮食生产的命脉，水利灌溉对于农业生产的重要性不言而喻。在温州任官期间，陈章身体力行，重视水利工程建设。温州滨海，每年夏季多台风，“暴雨如注，夜潮倒涌，风仗雨势，四望如海，拔树倒屋”，台风过后又是连续旱情，田野荒芜，庄稼歉收。有鉴于此，陈通判将农业水利建设作为民生工程头等大事，想方设法兴水利、除民弊。

在冬闲时间里，陈章带领民众挖塘筑坝，疏浚内河，掀起了兴修水利的高潮，为当地的农业生产奠定了坚实的基础。在他亲力亲为的感召下，当地百姓踊跃参与水利灌溉工程建设，当地农业生产焕发出勃勃生机。陈章督治水利，卓有成效，他曾经留下诗作《三月移苗》以资纪念，表达躬身耕作、与民同乐的喜悦之情。

叶适赠诗，赞誉有加

从现存资料发现，陈章和南宋兵部侍郎叶适（温州永嘉人，文学家，永嘉学派代表人物）要好，两人互有酬唱之作，从叶适诗作《送陈子云通判》中可以看出陈章为人称道的点滴事迹。

叶适（1150—1223），淳熙五年（1178）中进士第二名（榜眼），比淳熙八年（1181）进士陈章还要早三年，叶适生卒时间与陈章接近，两人是同时代的人物。两人应当是在陈章担任温州通判时开始有交集，也就是叶适在居家著述讲学时期和陈章成为好友，这一段时间恰逢陈章在通判岗位上尽职尽责。叶适感叹好友俯身为民、潜心政事的卓越政绩，留下许多精彩的诗篇。那一年，陈章被推荐另任知常州军时，叶适连续写下二首送别诗《送陈子云通判》，在祝贺老友履新的同时表达依依惜别之意。

其一：

三月召龙频鼓锣，喜作小雨恨不多。
移苗未了君已去，更借后福书归禾。

其二：

临餐吐食嗟无余，幽情惨郁时一舒。

感君善意过于令，周了辽语良非虚。

其三：

周子也复可怜人，忧民忧世语转新。
繁妒吾州何巨福，通判乃得陈子云。

第一首描绘陈章兴修水利取得的成就，遗泽当地，令人怀念。古时有“三月召龙”的节日活动，即敲锣打鼓举行召龙祭祀仪式，以此来保佑人畜平安、风调雨顺、五谷丰登。踩着时令的节奏，农民或牵牛翻犁，或移苗插秧，一派热闹繁忙的春耕图解。可惜，“移苗未了君已去”，在大好春光里，为推动当地农业生产苦心积虑播撒希望的陈通判已经抽身悄悄离去了。第二首赞叹陈章为官不辞辛劳，化用了“周公吐哺”成语，突出了他的敬业精神。周公因为国事繁忙，连安静地享用一顿饭的工夫都没有。同样，陈章心忧黎民，操心忙碌也达到了殚精竭虑、无私忘我的境界。第三首表意明确，直接点题，代表当地百姓对陈章给予高度肯定。“繁妒吾州何巨福，通判乃得陈子云”之句直抒胸臆，以自问自答形式突出陈章的优异政绩，赞扬陈章克勤克勉，造福百姓。

虽然陈章因为升迁离开了他曾经为之努力奋斗过的这片土地，然而当地父老乡亲并没有忘记他，从送别诗可窥出温州人叶适对陈通判“勤勉尽责”“敬业为民”的赞赏。

家训传承，砥砺前行

旧时，县南有青云坊，就是为陈庸、陈章父子两人而立。在那个年代，立牌坊是一件非常隆重的事情，必须取得一定的功名和功勋，经过官府逐级审核批准后，方由官方出资建坊。从陈庸到陈章，车门陈氏“五刑五罚五劝五赏”二十条家规家训传承相延，“横行不法者罚”“和睦乡里者劝”“各安职业者赏”的观念深入人心。

南宋后期太常博士郑宪（仙居人，景定年间进士）由衷赞叹车门清口园陈氏：“泽衍崇禧脉，家传特进贤。”其中“崇禧”指的是陈章，“特进”指的是陈庸，父子俩勤于政事素有清誉，或进乡贤祠，或立坊纪念，均被后世奉为乡贤楷模。而且，陈庸、陈章之后，其家族子弟继续谨遵家训，崇德向善，砥砺前行，造就南宋中后期一个声名赫赫的御史通判家族。

重修后的碧栖堂书院，坐落于仙居县城东南的南峰山上。

《清溪》反映恬淡家风

明朝刑部尚书应大猷给车门陈氏家谱作过序言："派分颍川郡，虞舜帝王家。流风余韵达，绵延到宋家。提刑勋业大，提举文章高。"意思是车门陈氏底蕴深厚，代有英才，比较而言陈庸功业大，陈章文章好。

《全宋诗》收录陈章诗《清溪》一首：

沧波万顷无纤尘，沙鸥两两来相亲。
主人忘机鸥不去，此时此景皆天真。

陈章诗作不事雕琢而自有风味，诗中反映的就是南峰山下永安溪碧波潋滟、水天一色，沙鸥、白鹭划弧掠水的景致。陈章从小就在山脚下碧栖堂书院就读，山黛水绿、树影云彩的求学之路就是从这里起步。时光荏苒，不忘初心。很明显，碧栖堂书院之于陈章，有如桐江书院（方氏义塾）之于陈庸，父子两代人所经历的启蒙求学之路都印遍了奋斗和探索的足迹。

"此时此景皆天真"一句应当属于写诗当时的点评，有所思，有所忆。诗中反映出陈章寻觅一种恬淡平和、自在安乐的人生旨趣，也为他"年七十致政而归，乃作娱老堂以自乐"，上书请求奉祠，乃至最后退休归家自得其乐埋下伏笔。

抗节直言张次贤

陈晨永

传世家训：宁背私恩，不忍公论。

传世家训：闻义须勇为，改过勿自讳。

张次贤（1155—1218），字思齐，世称竹坡先生，今仙居县城西门村人，始创西张家谱。绍熙四年（1193）进士，嘉定四年（1211）知上高县，历任监察御史、右正言兼侍讲、谏院左司谏等职。

为民请命，约束驻军

张次贤在任江西上高县知县的时候，发生了一件事情，触及宋代地方兵权之争，这一问题放在当时比较敏感。张次贤就这样贸然卷入，出发点只有一个：心系百姓疾苦！探究起来，地方志里面短短一百余字的记载，传神地记录了张次贤其人其事：根除时弊，为民请命。其中，故事情节一波三折，层层相扣。

第一回合，张次贤刚到任就发现一个严峻的问题，上高县有驻军，然而由于宋朝制度，当地驻军不受当地政府管辖，而是直接归属上级管辖。这样就导致当地驻军成为法外之民，长期以来放纵不受拘束，最终兵痞闹事滋事，成为一大公害。面对这种情形，张次贤向朝廷禀告“营卒扰民”的严重性，据理要求授予知县统兵权，却得不到采纳。

第二回合，张次贤后来先后在衢州以及京城临安府担任通判，无论职务如何升迁变动，始终挂念着上高县。一直到“为监察御史，擢右正言，兼侍讲”，意即等到当上了监察御史，以及右正言兼皇帝身边的侍讲官员，他写信给上高县新任知县赵汝笈，继续向朝廷争取节制地方驻军权力。

第三回合，张次贤向执政高层阐述驻军扰民的危害，赢得了更多的理解。张次贤以自己在朝中的影响力策应赵汝笈，上高县令终于获得了“兼辖兵马”之权，从此营卒得到了有效的管辖，再也不敢为所欲为、鱼肉百姓了。最后，“邑人德之”，当地百姓感激他，评价很高。

上述内容有一番独特的历史语境，宋太祖赵匡胤就是由于掌握了禁军的统帅权才夺取天下，后来“杯酒释兵权”，将兵权直接收归中央政府。到了王安石变法，施行“将兵法”，明确州县不得干预军政。这一现象到南宋才有所缓和，知县兼兵权带兵制度几经变化。从上述上高县的事例中就可以看出来，如果不是出了一个富有正义感并且有着“台州式硬气”的张次贤，那么上高知县兼带兵权能不能争取得到还真是个未知数。

以谏官身份担任御前讲师

张次贤很有才气，博览诸子百家，能自成一家之言。早早就通过了省试，即科举中的礼部试（宋代规定省试在贡院内进行，连考三天），然后进入太学，绍熙癸丑（1193）考中进士，担任临安府通判，然后担任监察御史。御史的职能在于纠劾官员，维护朝纲。此外，张次贤还“侍讲经筵，多所启沃”，除了行使谏官职责外，还担任了讲官一职。“启沃”含竭诚开导、辅佐君王的意思。

张次贤“侍讲经筵”期间，做了一件值得史家记录的事情。张次贤博览古今，撷取历代治乱的缘由以及国家长治久安的经验，撰成《御鉴录》，献给宋廷。张次贤呈献成书面圣时说：“陛下如果不熟悉这些，将无以自立，更何况你身为天子呢？”如此直截了当，耐人寻味。《御鉴录》共二十卷，有点《资治通鉴》的味道，当时皇帝每次认真读了之后，禁不住都要抚掌称好，可惜这部书没有流传下来。张次贤文章写得漂亮，为人性情豪迈，留下一个“台谏充经幄”的故事：针对当时讲官偏于因循守旧的侍讲风格，张次贤以谏官身份谈儒学，微言大义，辅弼君主，孜孜不倦。同时，他又上疏恢复中原的“三策”，进劝有所作为。

九章弹劾权臣，正气凛然

嘉泰年间（1201—1204），张次贤任右正言兼侍讲，开古代仙居籍官员兼任谏官、讲官的先河，之后又担任谏院左司谏之职。三十多年之后，嘉熙二年（1238），同为仙居籍的郭磊卿（“嘉熙四谏”之一）担任左正言兼侍讲，同样以“台州式硬气”和权倾朝野的史弥远及其侄史嵩之斗争。史弥远先后相南宋宁宗、理宗两朝，共二十六年，而且，史弥远父亲史浩是南宋中期宰相，不仅如此，后来史弥远的侄子史嵩之亦继任相位。史氏“三世相位，势可炙手”，门生故吏遍于朝野。张次贤、郭磊卿两位仙居籍言官凭一腔正气，在南宋中后期试图力挽狂澜于既倒，居然先后和史氏两代权相过招，其心可鉴，其勇可嘉。

宋代监察制度相对成熟，谏官主要职责就是“凡朝政阙失，大臣至百官任非其人，三省至百司事有违失，皆得谏正”，这对于减少决策或者行政失误，是有好处的。张次贤在担任谏院左司谏时，正色敢言，不避权幸，直接将纠劾矛头对准当时权相史弥远，连上九章弹劾，惊得史相一身冷汗。张次贤上书直言："史弥远待臣不薄，年轻时就已相识，而且他经常在陛下面前赞扬我。之所以一次上书讲得还不够，再上书，再讲还是不够，痛哭流涕反复讲的缘故，实在是丞相这个职位责任重大。史弥远在这个位置上弄权祸害极大，所以我宁可背弃私人恩惠，不忍心违背公众评论，宁可身临绝境，不忍心坐视国家面临危亡。""如果不知将来会怎么样，那就应该多看看以往发生过的事情，可作参考。"这些话讲得淋漓尽致，令人动容。

面对九章弹劾的局面，史弥远坐不住了，开始采取两手策略进行灭火。一是曲意招降，暗地里指派谏院心腹劝阻张次贤。张次贤不为所动，反问谏院同僚："焉有言官反为宰辅作说客耶？"——哪里有言官反而为丞相当说客的呢？同时列出"说客"依附权势不守法度的表现。二是直接排挤。招纳这一招无效后，史弥远暗记在心，多方动员进行排挤。所幸张次贤素来以忠直闻名于朝，皇帝也很清楚，最后无事。张次贤忠君爱国，披肝沥胆，率性敢言，时人形容他为"殿上虎"，正气凛然，风采不凡。他在御史台为官近二十年，"裨补朝廷良多"，帮助很大。嘉定辛未（1211）升迁为殿中侍都御史后，朝纲倚重，准备再次"大用之"，可是张次贤力辞不就。

批判的锋芒指向科举舞弊

科举的本意在于公平取士，科考作弊阻断了仅有的社会流动阶梯，使广大下层知识分子学无所用、报国无门，同时也严重挫伤了广大士子求学、治学的积极性。而且，科场如战场，有严格的纪律规定，科举舞弊现象的背后往往有吏治不严、徇私舞弊等因素。嘉定十二年（1219）六月二十六日，作为监察御史，张次贤将批判的锋芒指向这一影响人才选拔的社会痼疾，向朝廷建言指出"悻门一开，上行下效，冒滥相煽"。

南宋，每次全国参加科举考试者，仅有几千分之一金榜题名的可能性。应试举子为能一举跃上龙门，就想方设法，科举舞弊现象也随之出现，并愈演愈烈。科举开考前的舞弊行为主要集中在“冒贯寄籍”，源于宋代科举中的解额制度。解额就是解试合格，举送礼部参加省试的举人数额。考生为了能在解额多的州郡应试，常常在本地以外的州郡另立户籍，于是出现了很多怪诞的现象，有父子、亲兄弟乡贯不同的情况；更有士子为了假冒户贯居然改变亲属关系，不断有士子“假托宗枝”“迁就服属”，随之引发了官僚集团的一系列舞弊行为。

鉴于科举舞弊行为已经影响到了朝廷官员，其产生的负面影响非常恶劣，张次贤上疏指出“冒贯”的危害性，不得不防。嘉定十二年（1219）六月二十六日，监察御史张次贤上书论及此弊时说：“职事官牒止小功，法也，或以缌麻为小功；廛务官牒止大功，法也，或以小功为大功。此犹冒法之微，至于服外为服内，以侄为弟，侄孙为侄，强就服属，紊乱昭穆，甚而隔州隔路，平生踪迹风马不及，苟同其姓，一旦梯援，遂或嫡派，成法虽存，略不顾恤。则悻门一开，上行下效，冒滥相煽，以至漕牒姑姨，满里同宗，纷纷售伪者，势所必致。”

张次贤指出“冒贯”搞乱了人伦辈分，明明不是五服（高祖父、曾祖父、祖父、父亲、自身五代）之内的亲戚，强要说成是一家人，有的“以侄为弟，侄孙为侄”，有的隔州隔省千里迢迢，只要同姓，就说是嫡派兄弟，其目的只有一个，转移户籍地，以方便应试。如此一来，为了更容易得到解额，应试考生不顾廉耻，铤而走险，上行下效，相互冒充，以至于满大街同宗的人，其实都是冒充的，到最后败坏了地方风气。张次贤的上疏引起了最高统治者的重视，对此南宋朝廷曾三令五申，接连下了几道诏书严格监督，并设立赏格表彰揭露举报者，舞弊情况有了一定程度的扭转。

南宋咸淳年间任右丞相兼枢密使的叶梦鼎撰写了《张正谏墓志铭》，并在文中高度评价张次贤。其中“死有余荣，久而弗替”“立朝峻节，矢心烈烈”这两句，由衷赞赏张次贤敢于直谏、敢于弹劾、披肝沥胆的御史本色，完全符合史书所记载的其“殿上虎”的凛然风采。

宋故孺人謝氏墓誌銘
孺人台之臨海人曾祖詵贈太
子少保祖景之贈太子少師父
深甫今太中大夫參知政事母
林氏臨海郡夫人孺人淳熙甲
午十有一月己丑生年及笄歸
次賢慶元改元春從次賢之官
今年夏六月生慶孫秋七月甲
午以病卒後五十日慶孫夭九
月次賢以其柩還故里仙居冬
十有二月庚申葬于此山之原
慶孫祔焉銘曰
婉娩之姿和柔之德期于偕
老痛天命之叵測
慶元二年季冬中澣修
職郎徽州績溪縣尉張
次賢誌

张次贤手书《祭妻文》拓片。

诗文反映出才华和情怀

张次贤有诗《同陈提举庸郭安抚晞宗玩月南峰》曰：

山中有佳客，山上月增明。
廊庙心同赤，江湖梦独清。
半庭丛树影，万籁淡秋声。
把手情何极，呼童问麹生。

宋人崇文重教，《全宋诗》洋洋洒洒，蔚为大观，其中就不乏宋代仙居籍御史官员的文学作品。张次贤学识渊博，诗文俱佳，虽然留下的诗作不多，但从中也能反映出其意境旨趣和才华情怀。《全宋诗》录其诗三首，分别为《过郭继一处士草堂》《山居杂兴》《同陈提举庸郭安抚晞宗玩月南峰》。其中，《同陈提举庸郭安抚晞宗玩月南峰》信息量较大，摹写了仙居籍御史官员的一场诗人聚会。

诗名直接出现几个人物，陈提举庸、郭安抚晞宗加上诗作者张次贤，这三位都是仙居籍历史文化名人，而且都是古代的监察官员。陈提举庸，即陈庸，历任御史台主簿、江西提点刑狱公事等职务，为人“平恕明刑，以廉著称”。郭安抚晞宗，即郭晞宗，历任处州通判、琼管安抚等职，为政约己利民，为官清如冰玉。

赏月的地方在仙居南峰山，以“一峰南立”得名，相传“每当二三月，桃花盛开，烂漫若锦”，仙居“白云鸡犬之境，流水桃花之乡”的说法也由此而来。朱熹来仙居视察，登临南峰山后，曾“徘徊四览”“欣然忘其归”，盛赞一县美景尽在东南南峰山。赏月的时间应当是南宋绍熙四年（1193）中秋时节，张次贤和陈庸、郭晞宗等玩月南峰，好友相逢，坐而论道，留下了“廊庙心同赤，江湖梦独清”的华丽诗章。从某种角度来说，这一次仙居御史的赏月聚会，赋予了南峰山“仙居兰亭”文化地标的内涵，开启了南峰山文人雅会八百年的盛况。

本诗前引：“新亭有泪，麟阁谁标？野性宜盟白鸥，痴情还怜明月。秋风载酒，倚孤岳以踌踟；兰友摩肩，俯长流而慷慨。呜呼！美人不再，佳会难逢。聊赋短章，用抒遐绪。”全诗行文洒脱富有气势，透过“麟阁”“廊庙”“江湖”等字眼，在悲秋感慨、性情流露的背后依旧彰显了一腔热血豪情。

谏坛硬汉郭磊卿

郭金星

传世家训：遍地冗枝都与去，倚天高干一齐留。

传世家训：上不以不才使厕朝班，知而不言，不重负上耶？

郭磊卿（1186—1240），字子奇，号兑斋，今仙居县南峰街道船山村人，南宋嘉定七年（1214）进士，历任严州通判、太学博士、枢密院编修、兵部郎官、右正言、右史、朝散大夫、宝章阁待制等职，著有《兑斋集》。

郭磊卿担任谏官，忠心谋国，不避权奸，毫不顾及个人安危，一旦发现哪个官员有误国殃民的行为，立即上书弹劾，一次无效，两次！两次无效，三次！郭磊卿担任过右正言、右史，为中书省的属官，是负责规劝皇帝过失的谏官，他曾锲而不舍三次上书，把深受理宗皇帝宠信的参知政事余天锡拉下马。这种执着的性格为他赢得了朝野的尊重，但也深深地得罪了当朝权臣。当他准备弹劾右丞相兼枢密使史嵩之时，被史嵩之以明升暗贬的手段调离了谏官职位，在进退两难中郁郁而死。郭磊卿去世后，宋理宗对他念念不忘，特赠谥号“正肃”，并立正谏坊表彰。

少年奇志，气节不凡

郭磊卿出身诗书世家，父亲郭晞宗进士出身，曾任琼管安抚，“教子甚严”，“一门竞秀”，郭垚卿、郭嚞卿等五个儿子均为显宦，郭磊卿是其小儿子，也是最负盛名的一个。县志记载他“少以气节自负”，胸怀壮志，尤其仰慕“岁寒四友”中竹子的挺直亮节。相传，郭磊卿年少时在家中竹园触景生情，即兴挥毫，写就一副对联：“遍地冗枝都与去，倚天高干一齐留。”字里行间直抒胸臆，体现了除邪扶正的凛凛风骨。其后，居家处世，他一贯秉承其父郭晞宗定下的“忠孝廉勤”家风。

郭磊卿嘉定七年（1214）进士及第，逢其母去世，在家丁忧守孝八年。这段时间他与乡里醇儒吴梅卿、吴谅为友，相与探理学之奥秘，寻伊洛之渊源，并且以家为馆，开办前后书院，请吴梅卿、吴谅父子为师，教授子女及乡里弟子，四方来学者甚众。磊卿四哥嚞卿归休之后，以理宗皇帝御赐御题的“冲庵”二字为号，定书院名为“冲庵书院”，为宋代仙居七大书院之一，是现在城峰中学的前身。

某年大旱，郭磊卿、吴谅等人去韦羌龙湫（今淡竹乡龙潭头村龙潭）祷雨。郭磊卿慨然道：“感动神灵要靠真心实意，而不是华美的文章！”他把乡人历年来向他借贷的凭据文券在龙潭旁全部烧掉，向神灵祈祷：“愿以此救垂死之命！”据传，“焚毕，雷雨大作三日”，此年遂获丰收。

当时仙居的土地经界不正，赋役不均，郭磊卿与少府王沦一起请示郡守后推行新政，具体做法是令各户自报田地山塘四至亩步，再由里正长检量证验无差后编号，注明人口、姓名，画鱼鳞图，造砧基簿，根据土地肥瘠分为五等，使税赋力役得以平衡，仙居的版籍自此始明，且刻在石碑上立于县厅，一直以之作为准则。

辗转政坛，通判严州

丁忧结束，郭磊卿获授湖南湘潭县丞。刚上任，就遇上一件官司，县令徇私枉法，偏袒强势且亲近的一方，判了个葫芦案。郭磊卿为主持公道与自己的顶头上司发生了激烈冲突，结果当然是胳膊拧不过大腿，他因此愤而称病辞官回家。

后来郭磊卿被起复任用，先后担任主管尚书架阁文字、礼部贡院对读官、御试进士对读官、上舍考试官、太社令等职。

端平三年（1236），郭磊卿在严州担任通判。通判一职，始于宋，止于清，是知州的佐贰，即地方行政长官的副官，掌管粮运、水利和诉讼等事项。两宋时，通判作为皇帝的耳目，负有地方的行政及监察职权，对州府县事的弹劾可以直达皇帝，可与地方行政长官形成制衡，起到了汉代的监御史（监郡）和督邮（监县）的双重监察作用。《景定严州（新定）续志》记载，端平三年郭磊卿由太社令来担任添差通判，其间，以培养儒学人才为己任，用朱子理学来教育当地学子，凡有私心求取利益的人“辄叱去”，当地政令有什么不足的地方，他想方设法进行补救。

郭磊卿在京城临安最高学府——太学就读期间，朱熹应邀给所有学子讲述《四书章句集注》《楚辞集注》，郭磊卿因此成为台州朱子学派中亲身受到朱熹教益的门生。某月，上级掌管督察的官员来严州，将许多百姓诉状交给郭磊卿批阅。将近中午时，郭磊卿“从容剖决，大抵以厚风俗，孅教化为本”，本着有利于“敦厚风俗、教化民众”的精神剖案，使那些习惯舞文弄法的奸猾之徒受到惩治，“邦人士翕然尊之”，当地百姓一致推崇他、尊敬他。后来，郭磊卿“在任转承议郎，又转朝奉郎。嘉熙二年九月除太博”。郭磊卿到了京城担任“左正言兼侍讲”一职，严州父老还是念念不忘这位从严州出去、为国为民的正直官员，“及居言路，皆称其官，世以不及大用为惜”，为郭磊卿英年早逝、没有再得到朝廷重用深感惋惜。

巧合的是，《景定严州（新定）续志》记载：“（磊卿）子和中，宝祐五年，以两易来继父官，其精明实似之。”宝祐五年即1257年，也就是说，时隔二十一年，郭磊卿的儿子郭和中居然又调到严州担任父亲曾当过的官职——添差通判，而且父子俩是一样地精明能干。更巧的是，后来郭磊卿的女婿吴坚也担任了严州通判。父子、翁婿三人先后在同一地方担任同一职务，这在宋代政坛上亦属罕见佳话了。

立朝耿直，谏坛硬汉

嘉熙二年（1238），郭磊卿被召为太学博士。三年，任枢密院编修兼兵部郎官，不久拜右正言，擢拔为右史兼侍讲，撰修国史。仕途蹉跎，入仕二十多年仍然在七品官位置上辗转，但郭磊卿耿直的性格始终不变，甚至在担任谏官以后表现得更加突出。后来鲁迅先生把这种品性概括为“台州式硬气”，郭磊卿可算是历史上“台州式硬气”的一个代表。这种硬气，概括起来大约有这么几个特点：一是耿直，对不顺眼的人和事如鲠在喉，不吐不快；二是不计个人利害，甚至置生死于度外；三是直接进攻，硬碰硬，不知迂回，不讲策略；四是执着，不达目的决不放弃，撞了南墙也不回头。

郭磊卿当了谏官，首先把矛头指向了参知政事余天锡。他给宋理宗上了一道奏章，弹劾余天锡身为副丞相，依附权贵，以不正当手段攫取功名，不纳忠正之言，只求中饱私囊，无所不用其极，而且网罗众多品性卑劣的党羽，藏污纳垢，败坏朝纲。郭磊卿劝谏理宗皇帝：“臣听说猫头鹰占据了森林，凤凰就会远离而去；豺狼当道，宝马麒麟就会隐藏起来。朝堂上如果不仁者占据了高位，那么品德像宝玉一样高洁的君子就不敢靠近了。陛下一心一意想聚集贤能之士，以求天下大治，王朝中兴，但是却把余天锡之类的庸劣之徒视作心腹之臣，无异于后退以求进，缘木以求鱼。”

可是奏折上去却犹如石沉大海，没有任何反应。其实谁都知道，这是情理之中的结果。余天锡不是普通人，他对当朝的理宗皇帝赵昀来说是有拥立大功的恩人，如果不是余天锡在草莽之间发现了他，今天他就可能不是至高无上的皇帝，而是一介平民百姓。原来当年宋宁宗无嗣，立沂王的嗣子赵竑为皇太子。赵竑与当朝宰相史弥远不和，史弥远谋划另立太子，命余天锡负责寻找合适的皇家子弟。余天锡当时是史弥远的家庭教师，在绍兴找到了流落底层的落魄宗室赵昀。宋宁宗驾崩，赵昀在史弥远的拥立下即皇帝位，这就是理宗皇帝。理宗即位后，余天锡又跑到湖州把废太子赵竑处死，绝了后患。理宗为此对余天锡甚为感激，余天锡一路升迁，直至参知政事，封奉化郡公。

许多大臣劝郭磊卿别一意孤行，自讨苦吃，弄得自己下不了台。但郭磊卿认为凡开弓就没有回头箭，认准了的事情就要一做到底，他大义凛然道："皇上不嫌弃我才疏学浅，让我厕身朝班，我如果知而不言，不是辜负了皇上的大恩？"他继续搜集相关证据，连奏三章，终于使理宗皇帝不得不将余天锡罢官。

不久，郭磊卿又准备把长矛刺向另一位更加重量级的权臣，这个人就是右丞相兼枢密使，都督两淮、四川、京湖军马的史嵩之。史嵩之是史弥远的侄子，史氏"三世相位，势可炙手，怙权不法"。当时名士徐霖、蔡德润、卢钺等及太学诸生纷纷上书陈其恶行。郭磊卿弹劾奏章已经写好，就等皇帝召见面奏。史嵩之在朝廷安置了许多耳目，侦知郭磊卿的动向后，急忙编造"理由"奏请皇帝调动郭磊卿的岗位，不再担任谏官，改任起居郎。这一职位负责记录皇帝的日常生活和国家大事，名义上为皇帝贴身侍臣，地位尊贵，但事实上剥夺了他谏议朝廷过失的职权。郭磊卿愤不得言，如同当年辞去湘潭县丞职位一样，他再一次决意挂冠辞阙，义无反顾地离开都城，回归故里。史嵩之一边假意以书留行，一边奏请皇上遣中使（太监）将郭磊卿宣回。在进退两难之中，郭磊卿的抱负郁郁不申，不久"得暴疾"而死。

郭磊卿一生正气凛然，在端平年间（1234—1236）以“弹劾权幸无所避”与杜成治、徐元杰等人合称“端平六君子”，在嘉熙年间（1237—1240）以敢于在皇帝面前直言劝谏与曹豳、王万、徐清叟合称“嘉熙四谏”。郭磊卿敢于抗节直言，因而闻名遐迩，赢得了人们深深的崇敬，天下皆“想望其风采”。理宗皇帝特赐谥号为“正肃”，赠宝章阁待制，命郡县俱祀之学宫（这就是郭磊卿名列“州学六贤”“仙邑六贤”的来历），并在县城立正谏坊以示旌扬。甚至在郭磊卿辞世七年后，理宗在颁给郭磊卿四哥郭嘉卿的《敕赐继一处士诰词》中还对郭磊卿“立朝鲠直”的品性“念之不忘”，感叹“天啬其寿”，赞扬“郭氏一门之多奇节也！”

“一门奇节”匾额，现保存于仙居县南峰街道船山村郭氏祠堂内。

郭磊卿首纂《郭氏家史》

现存《乐安郭氏宗谱》(清郭帘青纂，清光绪十四年［1888］序刻本)记载：宋嘉定三年(1210)郭磊卿首纂《郭氏家史》。

从排序上来看，嘉定三年首纂《郭氏家史》应当发生在郭磊卿辞去湖南湘潭县丞至返乡考中进士期间，即1210年至1214年之间。初入仕途的现实经历化作丝丝缕缕的精神积淀，给予他更多的思考，促使郭磊卿潜心研究家风家训文化之于后代子孙立身处世、持家治业的重要意义。这条史料反映出郭磊卿对家风家训重要性的深刻认识，可视作郭磊卿本人继续其父郭晞宗“治国先治家，治家先育人，正人先正己”理念，教化后代子孙的有益尝试。

宋理宗赐郭嚞卿继一处士碑文

（理宗皇帝敕表郭嚞卿、郭磊卿兄弟）

该碑原立于郭氏墓前，后移至船山郭氏宗祠，“破四旧”时，为了保护这块珍贵的文物，村民将其藏于墙内，使其免遭浩劫。该碑高四尺七寸，广二尺六寸，包含了四种字体，其中主要内容行书书法飘逸潇洒，宋人的书法令人叹为观止。

“敕宣教郎郭嚞卿，东门祖帐，鉴湖酒舡，高风寥寥，千载莫嗣，一朝而得之于吾戚属之近（郭嚞卿是理宗谢后的母舅），岂非海山三秀之芝，而汉时一角之麟乎！尔嚞卿，世业儒，素端洁、冲澹，椒涂之母兄弟也，再贡漕闱，三黜于春官。虽由移恩入仕籍，而能自以官业为当路，引重荐员。及格齿，未及耳顺，超然弃去若弊屣。载披来奏，益重贤哉之叹。林下见一昔人难之，而尔能继之少微，处士之星，殆移次于天台赤城间矣。维尔磊卿，立朝鲠直，天啬其寿，朕念之不忘。而尔嚞卿，亦自以遗荣嘉遁，振华于当代，何郭氏一门之多奇节也！流风日薄，骛进饕荣，表而出之，抑以为士大夫劝，可持赐号继一处士。”

台谏合流

宋代的谏官称为司谏、正言。谏官的职责是向皇帝提出批评和建议，但实际上未能履行其职，最终便混同御史，专司监察官吏。按规定，谏官每月要向皇帝报告一次，称为“月课”。他们平时随便听到一点情况就可以向皇帝报告，不必切实有据，当时称为“风闻弹人”。若奏弹不实，谏官不必受到惩罚。如果御史台的谏官上任后百日之内无所纠弹，则罢作外官或罚“辱台钱”。

御史官在宋代以前与谏官分开，宋代实际上合二为一，主要还是用以监察官员。随着宋代专制皇权的加强，谏官对皇帝的过失更不敢有所规劝，因而谏官与御史官并没有什么区别，都是以弹劾官员为责，直接催生了台谏合流。然而，郭磊卿是一个例外，史册记载他以敢于在皇帝面前直言劝谏闻名，实在是非常不简单，时天下皆“想望其风采”。

临危受命吴坚

方炳乾

传世家训：授之职，以试其学；予之禄，以养其廉。

吴坚（1213—1276），字彦恺，号实堂，今仙居县官路镇后里吴村人，南宋淳祐四年（1244）甲辰进士，历任昆山（今江苏昆山）主簿、礼部侍郎、江西参事、严州通判、签书枢密院事、左丞相兼枢密使。

吴坚作为朝廷重臣，在元军兵临宋都临安城下时，临危受命辅佐幼主，尽忠尽职，死而后已。作为一名封建王朝的官员，吴坚始终秉承“君成吾身，授之职，以试其学；予之禄，以养其廉，恩云渥矣”的家训，做到清正廉洁，难能可贵。

初入官场，百姓拥戴

丞相是辅佐皇帝、总理百政的官员，即百官之长。台州历史悠久，地灵人杰，按照现在地域，九个县市区也仅仅出过六位丞相。仙居立县千年，历史上担任过丞相之职的却只有一人，就是南宋末年左丞相吴坚。

吴坚，其父吴焕，字尧卿，嘉定元年（1208）进士，曾在湖南任岳麓山长。岳麓即为岳麓书院，在今湖南长沙岳麓山，是中国古代著名的四大书院之一。南宋理学家朱熹曾讲学于此，学生最多时达千余人。山长即“山中学舍主讲并总院务者”，相当于今天的校长。由于出身于书香门第，嘉定十三年（1220），年幼的吴坚就随同父亲到长沙，拜师侍读于岳麓书院的舒、李“两山真先生”，从小就受家庭的儒学熏陶，读书颇多，尤“熟习《春秋》”，故吴坚后来自称是“发自朱子之门”。淳祐四年（1244）中进士第。

吴坚步入政坛的第一个职位是昆山主簿，其间爱岗敬业，认真履职。据江苏《至正昆山郡志》《咸淳玉峰续志》等书记载，吴坚在昆山“留意教养”，坚持每天到学宫亲自给诸生讲学，“以厚风俗、正人伦、明义利、辟奸邪为先务”，“在任多所增创”，使得昆山“风俗为之一变”。吴坚离任时，昆山百姓恋恋不舍，夹道相送，不仅为他树碑立传，还入祀昆山名宦祠。

履职通判，清廉厚道

南宋景定元年（1260）之后，吴坚先后担任过太常少卿、架阁待制、中书舍人、礼部侍郎、秘书郎、江西参事、严州通判、平江知府、太常少卿、华文阁待制兼福建转运使、著作郎兼礼部尚书兼太子舍人、吏部尚书兼国子祭酒兼修国史等职。

在严州通判任上，吴坚做得有声有色。通判是通判州事或曰知事通判的简称，辅佐州政，有直接向皇帝报告的权力。严州位于今浙江省西部，原下辖桐庐、淳安、建德、寿昌、分水、遂安六县。吴坚是皇亲国戚，严州知府与下属县官早有所闻，并相继前来拜访。吴坚以粗粮素食招待他们，知府、县官个个吃不下，看看吴坚夫妻俩吃得津津有味，在场的人无不为之感动。吴坚告诉大家，为官之道，在于心中有百姓。他的廉洁示范使得严州六县官场政风为之一变。

吴坚为官清廉，为人厚道。年幼时父母作主为他娶的妻子，他始终形影相伴，不离不弃。娇妻多病，久年不育，吴坚做了大官还是膝下无子，但他从不怨天尤人，而是乐观面对。夫人生不了孩子，他始终不去纳妾。最后夫妻俩商量好，将吴坚长兄吴元一的儿子吴铨过继到自己门下，并带在身边朝夕教读。仙居有句俗话叫作“心好天降福”，吴坚夫妇过了不惑之年却喜从天降，夫人怀孕，生了个儿子起名景伯，在古代可算是老来得子。

任左丞相，临危受命

咸淳十年（1274），在位十年的宋度宗赵禥驾崩，年仅四岁的恭帝继位，由祖母太皇太后谢道清摄政。谢道清是临海人，吴坚是太皇太后谢道清的表妹夫。原来，吴焕与端平名宦、仙居人郭磊卿契交，两家联姻。郭磊卿女儿郭安娘配吴坚为妻，而理宗皇后谢道清是郭磊卿外甥女，也就是吴坚妻郭安娘的表姐。

当时南宋王朝早已风雨飘摇，岌岌可危。在蒙古铁骑以排山倒海之势大举南下，直逼临安，南宋朝廷处在国家存亡的危难时刻，谢太后决定重新起用国戚吴坚。德祐元年（1275）十二月，谢太后任命吴坚为签书枢密院事，协掌武备枢密军政。吴坚上任后，虽然扭转不了乾坤，改变不了败局，但他人缘好，能够在危难中将官员们团结在一起，共谋国家大计。德祐二年（1276）正月初，元军加紧发动攻势，湖州、嘉兴相继陷落，临安三面被围，元军攻占了临安东北三十里的险地皋亭山，五十万悍将精兵虎视眈眈，将宋城一百多万百姓围得水泄不通。

尔时，是战是降，人心惶恐，平日里威风凛凛的官员，都一个个销声匿迹，接踵逃遁。史载“唯皇太后、嗣君在宫”。危急之际，吴坚被委以重任，任左丞相兼枢密使，兼监修国史日历。通常情况下，丞相的任命必有隆重庆典，然因当时元兵压境，原任丞相尚且带头逃生，所以皇帝诏书宣告之日，到宣元殿上朝的“文班止六人”而已，显得十分凄凉。

由于皇帝年幼，谢太后又年事已高，吴坚身为宰辅，肩负重责，日理万机。丙戌，元丞相伯颜下令禁止元兵入城，违者按军法处置，并派遣南宋降将吕文焕带榜张贴于宋城街头巷尾，以安抚居民，同时传唤宋室出城到元营议降。正月十九日，南宋朝廷任命文天祥为右丞相，派他和吴坚一起赴元营谈判议和。文天祥到元营后，词严义正，痛斥伯颜。伯颜恼羞成怒，不仅不允议和，反将文天祥扣留。吴坚无可奈何地回到临安向太后禀报实情，穷途末路的宋室不得不将大宋江山拱手相让。宋室再度派吴坚、贾余庆等人赴大都献表请降，同时下诏令天下州县停止抵抗归降。时人刘因有感于南宋灭亡的史实，写下：

乾坤噫气三百年，一风扫地无留残。
万里江湖想潇洒，伫看春水雁来还。

自此，立国三百多年的赵宋王朝覆灭。吴坚等人也被迫随元军北上，并被关押在元大都牢房里。郁闷无助的吴坚于当年隆冬病故，享年六十四岁。吴坚有《实堂集》传世，棺柩由其子吴景伯运回仙居，葬于县城西郊的西岙（今安洲街道岭脚村）。宋左丞相吴坚之死，当时就激起社会的强烈反响。《仙居厚仁吴氏大宗》记载，时人有诗挽曰：

天柱倾危日，谁共扈六飞。
事君能死报，有子护丧归。
沙漠风烟淡，关河道路非。
盖棺今已定，犹看回朝衣。

吴氏牌坊。

宁为玉碎 陈仁玉

陈晨永

传世家训：子孙世世无仕元。

传世家训：子孙有读书出仕者，当守圣贤教育，为国为民。

陈仁玉（1212—？），字德公，又字德翁、德韬、德翰，号碧栖，今仙居县南峰街道清口园村人，历任浙东提刑兼知衢州、浙东安抚使、兵部侍郎等职。

博览天文地理书籍

陈仁玉是陈庸（太府少卿、江西提点刑狱公事）曾孙辈，早年在县城南峰山下碧栖堂书院就读，后来就以“碧栖”为号。他自幼颖悟过人，且生性好学，旧志记载他“幼习《春秋》，攻经史，博览天文地理诸籍，每有心得，必记之”。

陈仁玉以“博物多闻，工词翰”闻名遐迩，“工词翰”是说善于诗文与书法。作为一名读书人，仁玉自幼学习《春秋》经史，那个年代的学子基本上都这样，乡试、殿试都能派上用场。然而，博览天文地理等书籍，就显得很不一样了，从中可见个人志向。男儿志在四方，天下之大何处不是家园。陈仁玉是一个有心人，大量浏览各类图书，偶有心得就会默记心头。

如果联系具体的历史时代，就会对陈仁玉有更多的理解。当时南宋朝廷外有蒙古铁骑虎视眈眈，内则佞臣当道，大厦将倾。陈仁玉虽然身处浙东南山城仙居，然而京城临安醉生梦死、苟且偷安的情形早就传遍了国内。在危急存亡的时刻，有志之士应当挺身而出，有所作为，不能再陶醉于“子曰”“诗云”里了。事实上，陈仁玉“博览天文地理诸籍”的努力没有白费，这为他日后担任兵部侍郎、勤王抗元的履历增添了不少传奇色彩。

纂修《淳祐临安志》

陈仁玉成年后，经常外出游历，了解各地风土人情，在仙居、衢州、临海、杭州、福建等地留下了踪迹。陈仁玉文章和书法都写得很漂亮，他在游历中增长了见识的同时，也留下了不少的优秀作品。淳祐九年（1249），陈仁玉受临安府委托，负责纂修《淳祐临安志》。他与人合作，“昼访夜思，参以书传所省忆，耳目所睹记，得古今事迹千数百条，厘为门者十有二，为类者九十有九，为卷者五十有二，总之数十万言，亦略备”。洋洋洒洒数十万字的《临安志》体例完备，征材宏富，考辨精审，条理秩然，寄托了陈仁玉无数的心血。该书为我国古代方志中的上乘之作，对研究宋史和宋代临安史很有参考价值。明代《永乐大典》收录了陈仁玉《淳祐临安志序》。

一生辉煌的顶峰

淳祐十一年（1251），陈仁玉以“白衣”受诏为经筵讲官。宋制，经筵为皇帝听讲书史之处，宋代凡侍读、侍讲学士等官均称经筵官。“白衣”，未考中功名的叫白衣秀才。那年，陈仁玉四十岁，没有任何功名，但是凭着渊博的知识为皇帝讲授经史，实在是一个奇迹。宋理宗于开庆元年（1259）赐同进士出身。当年九月陈仁玉任军器监丞兼国史院编修官，十一月任浙东提刑，兼知衢州，之后历任浙东安抚使、兵部侍郎等职。开庆元年以后陈仁玉职位屡经升迁，同他的才华能力分不开，从一个侧面反映出他在南宋理宗一朝的显赫地位。

陈仁玉一生辉煌的顶峰不是他当高官的时候，而是在他卸任寓居台州府的日子里。此时，蒙古铁骑大举南下，局势已经失去控制，万分凶险，赵宋王朝的统治已经陷入了瘫痪状态，灭亡已经不可逆转。朝廷大小官员为保身家性命带头逃跑，甚至连宰相陈宜中都私自逃跑。在朝廷内有官僚叛离，外有郡守、县令弃印丢城的严峻形势下，陈仁玉却在暗中积蓄力量准备勤王。他侨寓临海，依然关注临安风云，和浙东南抗元力量保持联系。

南宋末年，风雨飘摇。德祐二年（1276），谢太后下诏降元。已经六十五岁的陈仁玉坚守民族气节，与仙居籍台州知州王珏相议拒诏，“筑城浚濠”“募民死守”抗元，宁为玉碎，不为瓦全，慷慨赴国难。次年二月兵败城破，陈仁玉退隐温岭石塘海岛，临终还告诫“子孙世世无仕元”。

碧栖堂书院崇德砺志

陈仁玉号碧栖，“碧栖”两个字乃先祖陈庸所取，其实着眼的还是南峰山的青翠葱茏。南峰山位于仙居县城南郊，海拔九十六米，山上竹木苍郁，山下溪水长流，清幽宁静，有“安洲第一山”之称。当年陈庸在南峰山脚下建造碧栖堂书院，作为后辈子孙培育人才的重要基地，在陈仁玉之前之后都有一批杰出的子弟在此受到严谨的儒学教育。

从陈仁玉的视角来看待先祖陈庸和他一手创办的碧栖堂书院，还是会让人产生诸多感慨的。碧栖堂书院办学理念以理学文化为核心，倡导修身养性、德行高尚，这和陈氏家训“清慎”“克己”的要求相互辉映、互为补充。这种相互交错的结构形态，体现了书院与理学的一体化。碧栖堂书院与教育、科举的有效结合，源源不断地催生了大批举人、进士，从某种意义上替代了官学的角色功能，开创了陈庸家族魅力无限的人才培养格局，并为许多官宦之家借鉴学习。陈仁玉之前，就有不少当地先贤满怀深情写下关于碧栖堂书院的亮丽诗文，不过，直接以“碧栖”为号的，当推陈仁玉，从中也能够看出他对早年求学生涯的珍视。

陈仁玉和先祖陈庸一样，均担任过提刑官，陈庸任江西提点刑狱公事，而陈仁玉则担任浙东提点刑狱公事。“提点”就是负责、主管的意思，“提点刑狱公事”即提刑官，主管所属各州的司法、刑狱和监察，兼管农桑。提刑司设于各路（省级行政单位），其官署称“宪司”，多设在占据交通要道的州府。提刑官则每年定期到所辖的州县巡查，除了督察、审核所辖州县官府审理、上报的案件，还有另外一项重要职能，就是监察地方官吏。

地方志记载，陈仁玉死后移葬仙居城郊南峰山桃花洞侧，英魂重归当年陈庸所创、陈氏后人读过书的碧栖堂书院。其人生轨迹从南峰山到衢州、临安、临海等地，再到石塘海岛，最后回到南峰山，成就了一个传奇。

陈仁玉死后移葬于南峰山桃花洞，魂兮归来。

延伸阅读一

《菌谱》开世界蕈类植物学的先河

世间关于陈仁玉的记载，更多地集中在他所编写的《菌谱》，该书后来收入《四库全书》，开世界蕈类植物学之先河。

南宋淳祐五年（1245），陈仁玉写成《菌谱》，全书共十一篇，详细介绍了家乡的各类野生蕈类资源，包括野蕈生存环境、形状、颜色、味道和食用方法，言简意赅，内涵丰富。陈氏在书中这样记载："凡物松出，无不可爱，松叶与脂、伏灵、琥珀皆松裔也。"高度赞扬了松树的高洁，暗合本人精神志向。《菌谱》应该是古代蕈类谱录枚举最全的。陈仁玉一一列举，仙居有合蕈，有松蕈，有稠膏蕈，有栗壳蕈，还有竹蕈、麦蕈、玉蕈、黄蕈、紫蕈、四季蕈、鹅膏蕈……

延伸阅读二

儒家大义在心头

陈仁玉的诗作见于《全宋诗》，大多吟咏秀美山川，有着浓厚的道家青词气息。从诗词文章来看，陈仁玉身上具有儒道两家交融的鲜明特点，他在《步虚歌》《仙都山独峰大雪歌》《游洞霄》等诗作中留下"仙居仙人游仙都""天花撩乱缤纷舞""倏然不类人间世，今日自惊平地仙"的逍遥脱尘，然而在其内心，可能更多的还是儒家大义凛然、勇猛精进的风骨。

在改元易代的历史关头，陈仁玉终究不能隐逸或逃脱，很自然地表现出"金刚怒目"的一面。他慨然起兵勤王，以"知其不可而为之"的精神，实践着儒家"愿舍生取义，养浩然正气"的信仰，与文天祥《正气歌》视死如归的气概如出一辙。陈仁玉在其所撰的一篇碑文中有"余少无适俗韵"之语，考其生平，并非虚语。

武科状元张会龙

方炳乾　张健君

张会龙（1232—1298），字季震，号东岩，今仙居县上张乡大张村人，南宋咸淳元年（1265）乙丑科武状元。入仕之后，初任殿中内侍监察御史，力主领兵抗战，与“主和派”反目成仇，被贬为雷州通判。宋亡后归隐，多次拒绝元朝的征召，终老泉林之间。

文武兼修，武魁御史

张会龙的祖上是后唐天成元年（926）进士、仙居西门张氏首祖张文伏，累官大中大夫，恩赐二品服。南宋初年，张会龙高祖张德沛创办桐林书院，名扬四方。朱熹巡行所属部域考核政绩时，特地拜访了桐林书院，并为之书“一门文教”和“桐林书院”两块匾额。

史载，张会龙长得威武雄壮，“状貌类河朔人，双目有紫稜，髭奋起如戟”。他从小文武兼修，在桐林书院跟师长学习《论语》《左氏春秋》等经典，博闻强记，学过的文章倒背如流，又攻读孙吴兵书，学习骑射。

当时南宋王朝偏安江南，中原地带的难民不断南迁，仙居上张一带本来是人迹罕至的穷乡僻壤，此时也迁居了很多中原难民。正好难民中有一位姓钱的武林高手，举家避乱来到大张，张家将钱氏一家安置在桐林书院里。钱家是钱氏拳路十八法的传人，有这样的机缘，张会龙三兄弟就拜师习武，每日里耕田、读书、习武。于是桐林书院既是书声琅琅的书院，也是摩拳擦掌的武馆。

咸淳元年（1265），朝廷开武科取士。经过“内场考文，马上箭法，步射技勇”三场殿试，张会龙、张震卿、张震龙兄弟三人同登武科进士，张会龙获武科状元，披红挂彩，骑高头白马，穿帝赐盔甲，挂帝赐腰刀，上街彩巡，真可谓“春风得意马蹄疾”。

据《台州府志》《康熙仙居县志》记载：“南宋咸淳元年乙丑武科进士榜：张会龙，字季震，传胪第一人，官内侍监察御史、雷州通判；张震卿，字季亨，张会龙之兄，泉州船舶官；张震龙，字季升，张会龙之弟，知府福建宁州。”兄弟三人同年登科，其中一人获武科状元，即便是在全省甚至于全国也是凤毛麟角。

张会龙考取武状元之后，初任殿中内侍监察御史。时值蒙古军队大举南下，“北方报急”，朝廷上下大为惶恐，宫廷内外胆战心惊。在事关国家存亡的危急关头，张会龙上书朝廷：“请假臣十万众，飞渡迎击，可保无虞。”即要求朝廷下旨，让他领兵十万迎击蒙古军队，可挽回局面，转危为安。但当时朝廷以贾似道为首的“议和派”占了主导地位，不但没有让张会龙领兵抗击元军，还将他贬谪到雷州府做通判。对此，张会龙感叹道：“大丈夫抱命世才，不使立勋万里外，命也！”

宋亡归隐，忠孝传家

南宋祥兴二年，即元至元十六年（1279），崖山之战后，南宋正式亡国，心灰意冷的张会龙隐居山林，“幽栖岩穴，不肯仕元”，宁可隐居山峰岩洞，也不肯出来为元朝效力。元朝政府敬佩他的为人，多次派人征召他出来任职，都被他拒绝了。

后来，张会龙回到自己的出生地仙居大张村，与张震卿、张震龙兄弟三人一起重振桐林书院，教育乡邻子弟。桐林书院环境优美，“四面皆山，北眺青峰，宛如芙蓉耸翠横连东南，南望诸山，层峦叠嶂环绕于西。前对御屏，后拥旗鼓，又有溪流潆带，修竹连茎，嘉树垂阴，景不胜述。鸠工庀材，不事雕刻，不饰茅茨，筑数楹”。张会龙守着老祖宗的桐林书院，以“忠孝节义”教诲子弟，“招乡之子弟，暨族之后秀，集于其中，与之讲解，有辨难必反复于证明，遇忠孝大节必慷慨激励，于是桐林书院之名大重于时”。

元成宗大德二年（1298），武状元张会龙病逝于本县大张村，享年六十七岁。后世称张会龙“张状元”。《康熙仙居县志》记载：仙居城内旧有状元坊，在县前西街，为右科武状元陈正大、左科张会龙建，清代坍塌。

“一门文教”匾额，现保存于仙居县上张乡大张村。

初上擂台显身手，收留一批福建武林人

树大必招风，仙居上张有武林高手的名声传到福建泉州。当年泉州有“拳王”三兄弟，打遍天下无敌手，朝廷多次想招安他们，只因泉州三兄弟的曾祖父是岳家军部将，他们说什么也不愿意报效朝廷，甘于在乡间做一代“拳王”，大江南北的习武之人，都慕名来泉州拜师。偶尔遇上仙居担私盐客人，听说仙居上张有武林高手，且也是三兄弟，泉州“拳王”三兄弟大感稀奇，带着几百号拳手，气势汹汹来到上张打擂比武。

金秋某一天，大张村人山人海，连东阳、金华、临海、温州的武林人士都不失时机来此一饱眼福。先比“牛勇”，正好大张有六丘大田，割了稻谷三十箩，现场砍了一根杉树桁条，当作柴杠，开始比武。泉州“拳王”三兄弟每人十箩，一根杉树桁条做扁担，一头五箩稻谷，用了吃奶力气好不容易将三十箩稻谷担到路上，赢得了阵阵喝彩。接下来由张会龙兄弟三人将三十箩稻谷一次性担回到田里。张会龙的三弟张震龙与大哥张震卿先担，大哥与三弟使出最大力气，只能每人担九箩，二人总计十八箩，留下了十二箩给张会龙。在场上千人都以为仙居人输定了，满场唏嘘。泉州武林高手三兄弟暗暗自喜，满以为自己胜券在握。殊不知，张会龙轻轻松松将十二箩稻谷挑到肩上，还觉得不够重，干脆将路边的两捆稻秆一起挂上去，一次性担回到田里。在场所有围观者的欢呼之声响彻云霄，泉州来者个个钦佩得五体投地。

再比轻功，双方约定站在公鸡背脊单打独斗，谓之“骑凤凰”。半个时辰打下来，不分输赢，暂停休息。结果是泉州人脚下的公鸡已经命断气绝，而张会龙脚下的公鸡活蹦乱跳，如同当初。泉州人低头服输，俯首称徒。张会龙拱手以礼，与之抱拳结盟。

忠君报国无用武之地，贬谪雷州当通判

南宋政府已经是风雨飘摇，张会龙尽管踌躇满志，但报国无门。然而，他出自书香门第，忠君爱民思想永远不会改变。在雷州履官通判一职，他廉洁奉公，勤政爱民，忠贞恪守。雷州有姓赵地痞，自称“皇亲国戚”，拖欠税赋，趁国难打劫，称霸乡里。张会龙怒不可遏，一气之下，将赵家的两尊石狮子抱起来，堵死赵家的大门，再贴上一张亲笔题字：“石敢当　武状元张会龙书。”十个大字，寓意连石头都知道敢于担当，履好职务看好门，亏你赵家还是“皇亲国戚”，趁国家有难，大发横财，连顽石都不如。赵家吓得不轻，不仅足额补缴税赋，而且老实收敛了许多。

才干卓越顾大奇

方炳乾

传世家训：忘私忘家，奉公报国。何以立朝，昌言正色。何以治民，慈祥恺恻。

顾大奇（1370—1431），字火异，今仙居县下各镇怀仁村人，洪武二十三年（1390）考取举人。当时朱元璋初定天下，人才短缺，顾大奇以举人身份出仕，任龙江卫知事，后升任山东道监察御史、江西按察司副使。

考取举人，万里戍边龙江卫

顾大奇祖父是当地名中医，父亲顾景良是一名秀才。出身书香门第的顾大奇，长得高挑俊秀，从小就饱读四书五经，洪武二十三年（1390）考取了举人。顾大奇仕途的第一站是龙江卫知事。

明代初期，朝廷加强边境管理，龙江卫是黑龙江边境的一个县级衙门。顾大奇到边境去做一个七品芝麻官，遥遥万里，当地读书人说他“抓阄”最差。亲朋好友纷纷劝他不要去万里之遥的蛮荒之地赴任，找个父母年迈体弱的理由，要求更换到南方做地方官。顾大奇断然拒绝，背上行囊，告别亲友，走马上任。父亲顾景良将他送到临海，一路告诫，言简意赅：“祖上悬壶济世，治病救人；今儿当了县官，要俯首为民。”

南方人到黑龙江边境做官，最大的问题是气候不适应。龙江卫一年之中几乎有半年是冰天雪地，顾大奇初到龙江卫就得了一场大病。但他很快就适应了当地恶劣的气候条件，投入繁忙的行政事务中。明代的县府衙门里，提审刑狱是一项重要职责。当时恰好有一个牵涉面比较大，并且已经闹了三年之久的案子：当地有个兀剌忽金矿，矿主指控劳工偷盗金矿，前任知事已将十名劳苦矿工羁押在案。

顾大奇接手案子后，进行了深入细致的调查。因为出身中医世家，他在汉医馆里帮助开方子，学习北方伤寒方剂，亦趁机听取坊间市井的百姓心声。经悉心打探之后，他才知道前任关押的金矿劳工家中确有“细银碎金”。这些矿工多为异地避难来此，只因拖儿带女养活困难，便利用夜间挑灯在废弃矿渣里再次提炼，有所收获。矿主对此眼红，将十名矿工告到衙门，前任知事认为矿工自身没有金矿资源，这明显是偷盗行为，将其打入大牢，以待审判。顾大奇却认为当时的废弃矿渣属于弃料，弃料属于无主管业，当庭宣判十名矿工无罪释放，抄家所得“细银碎金”如数返还。获释贫苦矿工当场叩头跪谢，称顾大奇是包公再世。

任山东御史，鼎力支持开浚会通河

顾大奇在龙江卫做知事，五年仅回家一次。在任期间断冤狱、扶困苦，誉满边塞。明永乐五年（1407）十月，朝廷以顾大奇“公正廉明”调任山东道监察御史。

当时明成祖朱棣迁都北京以后，为了实现南粮北运，开便捷航线，在元代京杭运河的基础上，首先对山东境内会通河进行疏浚整治。济宁是大运河的重镇，怎样改造大运河济宁段，保证南北漕运畅通，成为永乐王朝亟待解决的问题。顾大奇身为监察御史，肩负督察国计民生大事的职责。适逢仙居籍的潘叔正在济宁府当同知，力主疏浚大运河。潘叔正有才华，有胆略，能吃苦。就济宁府而言，知府就是他的上司，他是知府的佐官。对他而言，将自己的谋略与规划直接传达给皇帝不是很方便。顾大奇是山东道监察御史，自然而然给予潘叔正不少帮助。

当年会通河被黄河决口泛滥的泥沙所淤塞，运河中断，使得水城无水，商贾不达，商货不通，市场萧条。如果想恢复这条航线，必须进行“清肠”疏浚。潘叔正冥思苦想，走访整理出会通河疏浚方案与疏浚济宁大运河的设计图，交由顾大奇带到京城，并交到明成祖朱棣手上。皇帝采纳了疏浚会通河的方案，命工部尚书宋礼与刑部侍郎金纯、都督周长领头疏浚会通河。史载：“筑坝于东平州之戴村，横亘五里，扼汶勿东流。令尽出于南旺……”即在汶河修坝，引汶水和附近诸泉沿走高地直达南旺，最后在汶运交汇的“T”字口筑砌一道三百米长的石坝，汶水急流奔腾至坝下鱼嘴处，被拨刺一劈为二，河水六分北流，地降九十尺；四分南流，地降一百十有六尺。又南自沽头北至临清相地置闸三十八座，以时蓄泄。历时九年，终于完成了开掘汶上段运河这一著名的水利工程。

就在永乐皇帝批准会通河疏浚方案之时，江西出现“政乱”，朝廷将顾大奇提拔到江西做官。《大明太宗孝文皇帝实录卷一百三》记载：永乐八年（1410）夏四月，“皇太子升山东道监察御史顾大奇为江西按察司副使”。

按察江西，躬亲贫苦万民称颂

顾大奇任江西按察司副使三年，为从四品，其职掌为按事分巡察兵备、学政、海防、清军、监军等，并按地区分巡察、佥视刑名按劾等。

任职期间，他勤勉履职，鞠躬尽瘁，积极发动民众兴修农田水利，大力改善灌溉条件，还筑陂疏塘，广筑河堤，以绝水患。他深入民众广泛宣传田畈开渠排涝的好处，着力引导百姓勤于农耕，苦口婆心劝谕农家子弟晴耕雨读，还慷慨解囊在分宜办了安洲书院。

后来，顾大奇因母亲年迈，需要归家事孝。临别之时，当地老百姓舍不得他走，“民号泣，如失怙恃”，自发列长队泣涕呼请挽留，其场景十分感人。顾大奇只收一株青菜、一朵棉花，以志纪念，寓意为清清白白做官。待母亲故世，再守孝三年，顾大奇自己亦卧病难起，宣德六年（1431）去世，浙江道监察御史李在修为其撰写墓碑墓志。

顾氏宗祠内的这副楹联，是顾氏一族人才辈出的生动写照。

南台世范 戴弘演

戴立军

传世家训：吾祖官居侍御，归而囊橐萧然。

传世家训：一丝一粟，非所有而取之，于心不安，即于义不协，其可为乎？

戴弘演（1372—1444），名原通，号率斋，今仙居县横溪镇苍岭坑村人，永乐二年甲申（1404）登进士二甲第，授翰林院庶吉士，参加编写《永乐大典》，历任江西监察御史、南京巡按，又调任广东运管粮储，后奉敕苏州督造柳厢（军营）。戴弘演为官清廉自持，执法严明公正，但凡他上疏参劾官员，从不夹杂任何个人恩怨，完全是凭真实情况做出的判断，那些被他参劾的人也无话可说，因此“吏服民悦”，上下赞誉有加，人称执法“皋陶”。

参与编纂《永乐大典》

戴弘演父亲戴蒙，育子严格，以四书五经和戴氏家规家训教育儿子。戴弘演从小才思敏捷，勤奋好学，五岁开始练习书法。相传六岁时的一天下午，他与伙伴在村祠堂前玩耍，碰巧当时的台州知府经过苍岭古道，从村前经过。知府看见这个穿着绿色棉袄的小孩很有灵气，就凑过去打趣道："小小青蛙穿绿袄。"弘演知道来者红袍加身是大官人，马上翘起嘴角道："落山螃蟹穿红袍。"知府大加赞赏："这孩子日后定有出息。"戴弘演七岁就能作文，一天能写上千字的文章。

永乐元年（1403），戴弘演参加浙江乡试获举人，次年登进士二甲第，授翰林院庶吉士。庶吉士名称源自《尚书·立政》篇中的"庶常吉士"，是明、清两朝翰林院内的职位，由通过科举考试中进士的人当中选择有潜质者担任，为皇帝近臣，负责起草诏书和为皇帝讲解经籍等，是明代内阁辅臣的重要来源之一。戴弘演常为永乐皇帝起草诏书。永乐三年（1405），奉命参加编写《永乐大典》。永乐六年（1408）十二月《永乐大典》编写完成后，戴弘演获得了明成祖的优厚赏赐，并被调到吏部任职，不久升任江西监察御史。

人称执法"皋陶"

江西当官的有很多，部分官员凭借权势为所欲为，大量兼并民田，霸占妇女。戴弘演不畏权贵，全部依照法律处置，凡是遇到行贿请求减罪的，一律拒绝。

当地有一位熊姓官员气焰嚣张，不把戴御史放在眼里，公然抗拒法规。在事实面前，戴弘演向朝廷提起奏疏，请求依法处置熊某，获得了朝廷的支持。最后，戴弘演依法处置了熊某，并把他的罪行及处理结果向社会公开，老百姓拍手称快，感激地称赞他为执法"皋陶"。之后，戴弘演转任南京巡按，又调任广东运管粮储，奉敕苏州督造柳厢（军营）。史书记载，戴弘演历官二十二年，多次在重要地方担任要职，为官清正廉洁，获得了朝野一致好评，从来不因自己个人的喜怒哀乐影响决策行事，都是根据案件的实际情况和群众的建议做出正确的决断，所以官员信任信服，百姓赞赏诚服，所到之处赞誉有加。

“南台世范”名扬后世

宣德元年（1426），戴弘演因病向朝廷请求回乡。退隐时作有《告致归留别诸寮友》诗：

辞辞重辞辞，莫鼓阳关奏。
倏然掉归舟，清风满衫袖。
岂不念共人，青山梦已旧。
四海若比邻，分离何足疚。
公等富贵秋，勉旃持官守。

戴弘演一生基本上都是从事监察工作，不但自己清正廉洁，还在告退还乡时告诫诸友要保持官守，公正廉洁执法之心可见一斑。回乡后，因乐山水，见埠头紫岩峰峦耸翠，紫雾腾空，就在紫岩寺隐居丨多年，携童登山，临风酌酒，对月敲棋，长歌赋兴，不恋功名，不为势利，隐退生活安逸洒脱。很多在职高官路经苍岭古道都要专程到戴村或紫岩寺拜访他。

明正统九年（1444），戴弘演去世，终年七十三岁。葬在三都（今湫山乡）抱弄斗峰山。

戴弘演去世后，仙居籍刑部尚书应大猷为其写传。嘉靖四十一年（1562），仙居籍左都御史吴时来赠戴氏族人一匾额，称他为“南台世范”，至今尚存，并写诗《拜侍御戴率斋先生祠》：

方学青骢骑，情深旧典型。
逆鳞标气节，爱国树藩屏。
江右威多振，文渊笔早铭。
可知申及甫，先后共山灵。

由此可见他对后世的影响。

勤廉品行激励后人

苍岭《戴氏宗谱·家训》中对“廉”和“勤耕读”有专门记述：“廉者洁身之义。方正之为，畏四知，凛一介廉也。行为易矩，处不易方，宁非廉乎哉。吾族官居侍御。归而囊橐萧然，芳徽具在，凛而遵之”“吾族以科第起家，耕亦不乏，然耕必日出而作，日入而息……三更灯火五更鸡，以圣贤之心，诗书为业。”

苍岭坑村由于地处三府的交汇地，也是各地文化的交融地，戴氏更是仙居的名门望族，村中建于宋时的双樟书院一直是戴氏培养人才的基地。戴氏后人一直以戴弘演为骄傲，以他的清正廉洁故事来激励族人，他的直系后代名人辈出，为官的以此为行为坐标，从学的以此为求学楷模。

戴弘演的小儿子戴臻象，字仲纬，号四斋，满腹经纶，声名远扬，朝廷派员前来面试，他对世事时机对答如流，被推举任常山县令。在位时非常勤政，带领当地民众早出晚归，兴修水利；又开设敬义斋，为学士开课讲学，不到三年，有十几位弟子科场擅胜。

玄孙戴天瑞，字国贤，号沧州。两岁能识字，三岁能作对，曾有商贾路过苍岭，对他说“鸟从云外去”，他马上回道“客自日边来”。嘉靖三十四年（1555）中进士，曾任安徽休宁教谕、江西宜黄县令，爱民如子。有一年宜黄大旱，戴天瑞到各地带领民众抗旱和祈祷，终于迎来了一场大雨。旱情解除了，可是马上又来了一场瘟疫。他又向天祈祷说：“国家没有百姓支持不能治理，我愿意替百姓来受这个难。”因此，他深受百姓爱戴。戴天瑞始终保持高洁的操守，严厉整治奸佞打击盗抢，得到了当地群众的啧啧称赞。后来升任工部主事，有感于朝廷中工役（指机关、学校或官僚、士绅人家做杂事的人）太多，给国库带来沉重的负担，多次上奏疏建议辞退一部分，无奈性格秉直，世道难容，没有被采纳。几年后就告老还乡，不再过问政事，优游隐退山野间十多年，一直到老都过着闲适的田园生活。

玄孙戴天端，字国良，号括南，戴天瑞弟弟，天资聪颖，精通经书，针砭时弊能直指要害，与李一瀚、吴时来齐名。

戴固，字朝坚，戴天瑞的孙子。年幼丧父，随母继承家训，苦读经书，卓有才识。福建布政使蔡潮（浙江临海人）很器重他，专程拜访想请他为幕僚，戴固以母亲年老多病为由坚辞不出。

受明末清初和太平天国等社会动荡的影响，苍岭村几经破坏，戴弘演的五道奏章等史料也在顺治五年（1648）丢失。但是，六百年来，戴御史的品行一直照耀着戴氏后人，戴氏的家规家训一直传承下来。戴御史后人有清代的戴锡甫、戴锡贤、戴锡富、戴汉统，民国和当代的戴汝斌、戴汝端和戴植枱等，他们秉承家学，诗学器识均闻名乡里。

从明朝到现在，戴氏后人一直把戴弘演墓地作为家风家规教育基地，每年清明，有来自金华、永康、丽水、缙云等地的戴氏后人前来祭扫，由辈分较高者给戴氏后人讲述戴御史的故事。2006 年 8 月，戴弘演墓地被仙居县人民政府列为县级文物保护单位。

“南台世范”匾额，现保存于仙居县横溪镇苍岭坑村戴氏祠堂。

为“天下孝子”堂兄鸣冤

苍岭地处台丽婺三地交界地带，古时常有强盗在此行劫。明初，一个名叫陈江浒的强盗祸害苍岭，苍岭戴村也深受其害。有一天，戴弘演的伯父戴仁召集乡人商量设计抓捕陈江浒，结果由于泄密没有成功。

后来，知县派兵活捉了陈江浒，陈对戴仁怀恨在心，咬定有十来斤金银存在戴仁家中。这样，戴仁也被抓到县城关进牢房，被判死刑，无论村人怎样解释也无济于事。戴仁的小儿子戴原敬是戴弘演的堂兄，他向县衙提出代父坐牢，官府答应了他的请求。

有感于堂兄戴原敬代父入狱，当时十七岁的戴弘演作诗《送兄原敬侍父逮京》：

圣世自无虞，如何亦稚孚。
干戈方载戢，玉石又恐惧。
雁影秋风怯，猿声夜月孤。
蚤祈开睿烛，勿使我心刳。

言下之意就是请当朝皇帝圣明决断，堂兄是替蒙冤的父亲代坐牢狱的，其举可嘉，请皇上开恩。后来，戴原敬死于狱中，年仅三十七岁。戴原敬“代父入狱”的孝举感动朝野，人们称他是孝子，明宣宗下诏称之为“天下孝子”，列入乡贤祠崇祀，清雍正时乡里为戴原敬夫妇立节孝坊。(《光绪仙居县志》等有载)

延伸阅读二

南　台

《通典·职官六》:“后汉以来，谓之御史台，亦谓之兰台寺。梁及后魏、北齐或谓之南台。”御史台作为全国最高监察机关，设置在宫阙的西南，故称“南台”。

延伸阅读三

皋　陶

上古时期政治家、思想家、教育家，被史学界和司法界公认为中国司法鼻祖。皋陶是与尧、舜、禹齐名的“上古四圣”之一，传说中生于尧帝统治的时候，曾经被舜任命为掌管刑法的“理官”，以正直闻名天下。皋陶的主要功绩有制定刑法和推行教育，帮助尧、舜和禹推行“五刑”“五教”；以独角兽獬豸治狱，坚持公正；刑教兼施，要求父义、母慈、兄友、弟恭、子孝，从而使社会和谐，天下大治。

披肝沥胆
王纯

方炳乾

传世家训：静以镇躁，公以绝私。

王纯（生卒年不详），字宏文，号一斋，今仙居县城区东门村人，成化十二年（1477）丁酉科举人，成化十七年（1481）进士，历任工部主事、礼部郎中，弘治七年（1494）任监察御史，以湖广提学佥事（正五品）巡察湖广。

王纯为人正直，不惧权贵，为救廉官王恕，冒死上《乞留大臣疏》，惨遭廷杖，被贬谪到贵州思南做推官。在思南期间，王纯积极倡导读书育人，并创办学宫，亲自讲学，为当地文教事业做出了贡献。为表彰王纯居官廉洁奉公、功德卓著，监察御史吴时来等提议王纯入祀乡贤祠。明孝宗恩准在仙居建造大文宗坊以纪念王纯。

一项义举，将仙居名字刻入明史

王纯出身于农家，幼年时父亲早逝，当时王纯只有七岁。为了王纯能考取功名，母亲将娘家陪嫁的金银首饰变卖了，供其读书。成化十三年（1477）他赴应天府应试，考中丁酉科举人，未授官。考取举人后，他应聘到桐江书院教书，白天因材施教带学子，夜里青灯黄卷读四书。成化十七年（1481）中进士，初授工部主事。离家前夜，母亲交代说："做官之道自身正，别人有难要帮衬。"

王纯初到朝廷，就遇上了一大事件。明代皇帝为了使官员们互相监督、互相牵制，将君主一部分权力赋予宦官，让他们去干预朝政。年长月久，太监渐成势力，殊不知阉党遍布朝野，不但起不到监督作用，反而加剧了政治上的腐败和社会危机。成化年间，由于明宪宗朱见深耽于安乐，不问政事，遂使宦官得势。有太监王敬偕同千户王臣到各地搜刮民间珍宝古玩，所到之处鸡犬不宁，百姓苦不堪言，连很多县令也被其侮辱。工部尚书王恕是明代中期名闻遐迩的廉官，他上疏说："正值灾年，应该遣使赈济，王敬却蛮横地索取珍玩。"并把王敬等的罪状一一列出。王敬反而诬奏王恕，并牵连逮捕了常州知府孙仁。王恕上书直言救孙仁，三次上疏弹劾王敬。正碰上宦官尚铭也揭发王敬的罪状，宪宗于是将王敬等逮捕下狱，罚其党徒十九人戍边充军，在街市将王敬斩首示众，将其首级送到南京。这场言官与阉党的斗争，以言官胜利而告终。然而，时隔一年，阉党反攻倒算，连连诬告王恕，成化二十二年（1486），王恕被迫致仕。

朝野群臣得知后大为惊骇，但是都敢怒不敢言，唯考中进士不久的王纯果敢正义，上《乞留大臣疏》，坦陈王恕历官十九任，先后应诏陈述政事二十一次，提出建议三十九次，极力阻止权贵宠臣的胡作非为，赢得百姓倾心敬仰，以至有歌谣说："两京十二部（指北京、南京的六部），独有一王恕。"并将王恕比作汉代直臣汲黯。王纯的谏言在朝廷上下激起了强烈反响。皇帝看了王纯的奏言，恼羞成怒，将王纯打入大牢，廷杖六十，打得死去活来。经众臣多方营救，终于免死。成化二十二年（1486）秋，王纯被贬官到贵州思南做推官。《台州府志》记载：“太子少保工部尚书王恕，忠亮端方，朝拜倚以为重，直谏忤旨，内批令致仕，纯言：‘恕，社稷臣，宜留用以光圣德。’上怒，令下诏狱，随谪贵州思南。”《明史·王恕传》记载：“工部主事仙居王纯比恕汲黯，至予杖，谪思南推官。”

无论在哪里，永远是仙居人

王纯因为敢言直谏，为一代名臣王恕打抱不平，惨遭廷杖，被贬谪到贵州思南做推官。当时的县级衙门，设有知县、县丞、主簿、县尉，县级“推官”极少设置。但王纯对于自己的遭遇，始终无怨无悔，历尽千山万水，前往贵州思南赴任。

思南处于贵州高原向湘西丘陵过渡的大斜坡地带的北部边缘，居武陵山脉与大娄山山脉之间。乌江干流由西南角进入县境，沿东北向至塘头江口折向北流，将县境分为东西两部分，气候环境、自然风貌与仙居差不多。然而，自贵州于明朝永乐十一年（1413）建省至嘉靖的百余年间，全国十三省有十二省都有乡试科场，唯独贵州科考仍归并于云南省，凡要考举人的学子都得到云南昆明应试。千里迢迢，道路崎岖，行旅艰难，这给贵州选贤育才带来很大不利。思南读书人很少，王纯到思南后，很快融入当地教育事业，趁逢年过节有名望的老人前来贺年之际，广为宣传读书育人理念，“夫人为善，莫善于读书、为学”。王纯要求“父老归告而子弟速令来学”。他说，乡闱科考虽要赶赴云南，多有不便，但只要是有学之士，终会录取，只有经过科考录取的人员，才有为国效力的机会。

为了增加思南人民受教育的机会，王纯安排县内各地在原文庙的基础上购买附近的土地，扩基创办学宫，并以文书教谕乡民，限令遣子弟入学。

为了教化百姓子弟，王纯身体力行，带头施教。他每次巡视履职必到附近学校，入内为学生讲经。此外，王纯在政余时间还专门设坛施教。因他学识渊博，是当时儒学的代表人物，许多人慕名而至。王纯被贬谪思南的八年中，思南读书人猛增，学风得以大变。他离开思南的日子，百名学子以泪相送。王纯亦难舍难分，为每位学子留下墨宝，落款都是“仙居人王纯”。

仕途再起，督学湖广

王纯被贬官到贵州思南的第二年（成化二十三年［1487］），明孝宗朱祐樘即位。孝宗为人宽厚仁慈，躬行节俭，不近声色，勤于政事，重视司法，大开言路，努力扭转朝政腐败状况。他重新任用王恕、刘大夏等为人正直的大臣，史称“弘治中兴”。弘治七年（1494），时任考功清吏司郎中的储巏负责对有关官员进行考核，处处出以公心，坚持任人唯贤，认为中书舍人丁玑、进士李文祥、考功主事张吉、王纯等人都是正派、敢于直谏的官员，可是明宪宗反而将他们革职与贬谪。储巏毅然上疏道：“五人者，既以直言殉国，必不变节辱身。今皆弃之岭海之间，毒雾瘴气，与死为伍，情实可悯。乞取而置之风纪论思之地，则言论风采必有可观。与其旋求敢谏之士，不若先用已试之人。”王纯终于被召回朝廷重新得到任用。当年的湖广科考舞弊十分泛滥，告发官场的状子叠叠而来，因为王纯敢于直言，正义勇为，天下人皆知，朝廷就将王纯擢为监察御史，并以湖广提学佥事（正五品）巡察湖广。王纯在湖广巡察期间，严格按照都察院要求，轻车简从，素衣粗食，不与当地官员相染。当地平民百姓与学子都敢说真话，知府衙门也对王纯十分敬畏。正当王纯掌握了大量材料，将乞请朝廷革除弊政时，却猝然病故他乡，一时间朝廷上下深感痛惜。史载王纯督学湖广“谨矩度，先行谊，抑竞浮，士类翕然响风，未竟厥用而卒，众咸惜之”。

王纯的棺柩运回仙居，其墓在仙居东岭山。为了表彰王纯居官廉洁奉公，功德卓著，业绩昭然，后世监察御史吴时来等提议将王纯入祀乡贤祠。而孝宗特恩准在仙居建造一座牌坊，以纪念王纯。《康熙仙居县志》《光绪仙居县志》均记载：大文宗坊在县西南，为提学王纯立。

“迎晖门”是仙居古县城东门，自古以来为仙居县城地标性建筑，王纯幼时生活在这一带。

草鞋御史王存忠

方炳乾

传世家训：吩咐儿曹休指望，好将芒履印苍苔。

传世家训：人生天地间，忠孝廉节是第一等好事，奸盗诈伪是第一等恶事。

王存忠（1453—1538），字诚之，号亹斋，今仙居县皤滩乡万竹王村人，明成化十九年（1483）举人，成化二十三年（1487）进士，历任南京巡按御史、镇江知府。

王存忠以一介樵夫考取进士，被授予南京巡按御史时，因“无钱买靴”，穿着草鞋赴任，人称“草鞋御史”。后因不满太监刘瑾当权，主动请辞，朝廷不允，反任命他为江西右参政，王存忠坚辞不受命，终于得遂心愿，卸职归田，终老家乡。王存忠操守廉洁，政治循卓，“明珠蕃贝不以为尘匣”，为官二十余年，没给子女留下一点财产，其清廉家风、淡泊之操，堪称典范。

清正廉明，百姓称颂

明景泰四年（1453），王存忠出生于仙居皤滩万竹王村的一户农民家庭。万竹王村与万竹口、金坑、董坑、和尚田、陈山头同一条水港，称万竹王港。万竹王港的源头是人迹罕至的悬崖峭壁，路至此断，民间称之“断头路”。因此，自古以来万竹王港没有商贾墨客路经此地，只有农夫哼牛、樵夫砍柴之声。王存忠的童年就是穿着草鞋挑一担柴火到皤滩赶早市，然后去板桥桐江书院读书，下午又回家种田。桐江书院的耕读文化，成就了王存忠的科举仕途。

王存忠以一介樵夫考取进士后，被授予南京巡按御史。当时以一省为一道，派监察御史分赴各道巡视，考察吏治，每年以八月出巡，称巡按御史。巡按御史号称代天子巡狩，各省及府、州、县行政长官均属其考察对象，大事奏请皇帝裁决，小事即时处理，事权颇重。据明《万历仙居县志》记载，王存忠赴任时，“无钱买靴”，是穿着草鞋、挽起裤管去南京的。

后世的都察院左都御史吴时来评价王存忠：“有道之气，施于四体，立朝俨乎正色。”可见得他在监察污吏、纠劾事务、审理大案、考核官吏等方面，均具铁面冰心。王存忠步入官场时，正是皇帝更替的年份，也就是弘治元年（1488）。明孝宗朱祐樘勤于理政，选用贤臣，铲除奸佞，谨言慎行，是明代中叶唯一励精图治的贤君，在位时间十八年，史称“弘治中兴”。贤臣得遇明君，王存忠如鱼得水，发挥其所有潜能，施展才干，勤政爱民，所以仕途升迁很快，不久便当上镇江知府。

吴时来于嘉靖三十二年（1553）登甲科进士，首任松江府推官时，往返于南京与松江之间，曾到过镇江府，此时距王存忠离任镇江知府已经四十余年，然而镇江百姓却仍记着他的好处。凡是亲历过王存忠执政镇江的老人，均念念不忘，交口称赞他“操守廉洁，政治循卓”。镇江历来是地灵人杰、年丰物阜的富庶宝地，盛产各类珍宝藏品，且崇礼好客，官员收礼本是习以为常之事。但王存忠“明珠蕃贝不以为尘匣”，毫不动心，从不染指。吴时来赞叹王存忠“有郁林片石之风”。

洁身自好，急流勇退

弘治十八年（1505），孝宗驾崩，武宗继位。正德元年到五年（1506—1510），太监刘瑾夺取司礼监掌印太监宝座，操纵朝政，欺上瞒下，中饱私囊，开启了内阁辅臣听从太监指挥的恶例，有“立皇帝”之称。

当时许多正义官员连连上疏，乞请朝廷明辨是非。然而武宗竟然对此置若罔闻。一大批正义凛然的朝廷命官反被刘瑾阉党打入大牢，办成死罪。对此王存忠“心甚愤之”，与江苏道监察御史联手弹劾“刘珰祸炽”，一一列举刘瑾阉党的滔天罪行，乞求武宗明察秋毫，铲除奸佞。但武宗对刘瑾仍是言听计从，使其不仅没有得到依法惩治，反倒气焰更为嚣张。

王存忠终于看透世情，连连乞请，要求解职归田。由于王存忠治理镇江有方，政治清明，百姓安乐，其廉洁之操蜚声朝野，武宗也颇有不舍，于是将他提升为江西右参政。右参政在当时属于布政使的下属官员，布政使掌管一省的政务，参政、参议分守各道，并分管粮储、屯田、军务、驿传、水利、刑名等事，一般是四品官员，相当于现在的副省级。但王存忠归隐田园的意志已坚，始终“不拜命”。王存忠离任之日，只见得“囊橐萧然”，他身无行李，穿着草鞋，告别镇江。而自发前来送行的镇江父老却是人山人海，挤得镇江街衢水泄不通，以至“车轵不得行，父老列道，苏苏泣下”。中国古代廉官离任时，的确是“官行一担书，民送两行泪”。面对这么多前来送行的民众，王存忠不禁为之动容，堂堂七尺男儿，竟然热泪横流，“汍澜久之”，恋恋不舍，久久不肯离去。

归隐田园，孝廉传家

王存忠回到故里万竹王村，年迈的父母已届风烛残年，他“纯孝天植，废蓼终身”，躬亲抚养，竭尽孝道。他建议县令李克用在县城建朱子祠、尽美亭，并倾己所有相助。吴时来赞他：居朝廷之时，是位岳岳大臣，处田园之下，就是蔼蔼吉士。他常常穿着草鞋，操起扫帚扫遍村上村下，有《扫地》一诗流传后世：

岂云轻富贵，原不爱纷华。
性懒勤扫地，家贫喜种花。
林泉为活计，风月是生涯。
自有床头瓮，何须问酒家。

王存忠弃官归田后的第三年，刘瑾阉党的罪恶阴谋败露，刘瑾被凌迟处死，忠心耿耿的王存忠深感慰藉。后来，世宗继位，温州永嘉人张璁为首辅，朝廷思念贤臣谏官，多次予以存问。首辅张璁就是后世所称的“张阁老”，其长子张逊志久仰王存忠清正廉明，与王存忠成忘年之交。《万历仙居县志》记载了王存忠的一首诗《寄别张逊志别驾》：

文苑鲁同树赤旌，一官彼此逐浮萍。
廿年许国头俱白，千里怀人眼独青。
渺渺苍烟横海岫，萋萋芳草占山城。
南峰洞口桃初发，好向沧浪共濯缨。

此时，王存忠也已经是耄耋老人了。

王存忠“嗜古笃学，老不释卷”，常常到桐江书院义教，对士子言传身教，耄耋高龄仍下田园摘豆，田园之乐是他终身情缘。他的《归田乐》

一诗笔触细腻，娓娓道来，体现出回归田园后的一种宁静闲适的生活状态。其中“万物与吾何所求，明珠遮莫共弹雀”“策杖恣逍遥，俯仰无束缚”流露出恬淡旨趣，脍炙人口。

仙居有句俗话叫作“儿子做官爸劳碌，爸当官来儿享福”。王存忠任监察御史、镇江知府二十余年，却没有给子女留下一点财产。《光绪仙居县志》记载了王存忠给其子女的诗：“吩咐儿曹休指望，好将芒履印苍苔。”告诫子女要放宽眼界，淡泊名利，安于清苦。

明嘉靖十七年（1538）王存忠谢世于仙居万竹王村，享年八十六岁。都察院左都御史吴时来为其作传。

王存忠就任镇江知府八年间，不带家眷，只携一个十四岁的外孙朝夕相伴，并言传身教。王存忠怜爱百姓、清廉为官的情操与刚正不阿、勇斗阉党的“台州式硬气”深深地影响了他的外孙，这位外孙就是后来任佥都御史、刑部尚书，并勇斗严嵩、名垂青史的应大猷。

王存忠出生地——仙居县皤滩乡万竹王村。

延伸阅读一

南京监察御史王存忠等奏

南京监察御史王存忠等奏："旧例凡武臣虽公侯伯，不得乘轿出入，以习劳苦。今成国公朱仪、魏国公徐俌、武靖伯赵承庆、南京锦衣卫带俸指挥使王锐乘轿出入，仪、俌、承庆乘八人轿，僭侈尤甚。其各卫指挥而下，乘马又多用红毡鞍笼，马杌胡床导从，亦所当禁，下礼部覆奏请俱论之以法。"上皆宥之，仍谕不得再犯，以朱仪年老任重，特命乘四人轿。(《大明孝宗敬皇帝实录卷一百零一》)

延伸阅读二

明代公车禁令为何沦为一纸空文

从古至今，公车不仅是官员的代步工具，更是一种地位的象征。为了防止官员中出现超标准、公车私用等公车腐败，明太祖朱元璋曾对公车腐败公开宣战，对各级官员的公车配备、使用制定了严格的制度，严令官员多乘马、车。但是明代中期以后，各级官员日益逾越礼制，普遍使用轿，且仪仗、装饰竞相奢华，公车腐败现象越发严重，积重难返。

明朝中期以后，历朝又不断颁布法令，对官员使用车、轿等的限制令做出重申和补充。这些诏令规定三品以上文臣有乘轿资格，且规格止于四人所抬，"庶官亦乘马"，武臣仍在禁止乘轿之列。天启五年（1625），明廷又诏令，官员三品以下禁止乘舆。以上这些诏令的颁布，是对明初公车法令制度的不断重申和补充，实际上也是当时各级官员竞相逾越礼制、肆行公车腐败的反证。

弘治八年（1495），南京监察御史王存忠弹劾南京勋贵成国公朱仪、魏国公徐俌、武靖伯赵承庆、南京锦衣卫带俸指挥使王锐等乘轿出入，仪、俌、承庆乘八人轿，僭侈尤甚，却得到孝宗宽宥。嘉靖间，“严嵩奉诏苑直，年及八旬，出入得乘肩舆。武臣郭勋、朱希忠特命乘肩舆扈南巡跸，后遂赐常乘焉。皆非制也”。武人不得乘轿的祖制，就这样被朱元璋自己的子孙打破了。

延伸阅读三

归田乐

王存忠

归田乐，归田乐。
尘世总迷茫，清风在丘壑。
壶日丽长晖，岭云时袅袅。
万物与吾何所求，明珠遮莫共弹雀。
往事已浮沉，古人不复作。
高枕傍流泉，心期自磅礴。
秋菊绽东篱，寒梅老山角。
策杖恣逍遥，俯仰无束缚。
茶熟香清少客过，浊醪邀月相与酌。
吁嗟乎，百年倏忽间。
人生几荣落，算来钟鼎我奚加，争似投簪事耕凿。

大智大勇应大猷

方炳乾

传世家训：凡人一举一动根于心术，心术开正或邪关乎人品，故端人品在端心术。

应大猷（1487—1581），字邦升，号容庵，今仙居县下各镇下各村人，明正德九年（1514）进士，曾任南京刑部主事，参与平定“宸濠之乱”，后历任广东参政、佥都御史、吏部右侍郎、刑部尚书等，曾巡抚云南、四川、山东，所至均有政绩。

应大猷为官五十余年，为人为官气度恢宏，操守清廉，待人仁厚，深受朝野拥戴。晚年致仕回家后，隆庆、万历两朝皇帝还先后三次遣使上门慰问他，郡城曾立两朝三赐存问坊以记此殊荣。遗文有《周易传义存疑》一卷，遗诗有《容庵集》十卷。

“草鞋御史”外公朝夕训诲，学而有成

应大猷家中排行第二，上有长兄大经，下有弟弟大桂。大经早年授州县学官，大桂后登仕第。童年期间，兄弟三人相比，唯大猷“端坐寡言，不妄嬉戏”。

应大猷外公王存忠，本县皤滩万竹王村人，正巧在应大猷出生的这一年登进士第。王存忠以清廉著称，世称“草鞋御史”。在他十几个孙子、外孙之中，王存忠对应大猷最为疼爱。弘治十三年（1500），王存忠将已十四岁的应大猷接到任上，“朝夕自训诲”，期待应大猷能成大才。应大猷在随外公学习圣贤之道的同时，也亲眼见识了担任监察御史与镇江知府的外公如何做官，怎样做人。

应大猷随外公读书四年整，十八岁回老家仙居，当年考取了秀才，二十一岁中举人，同年赴国子监讲“周、程、张、朱”之学，二十八岁登正德九年（1514）甲戌科进士。

参与平定“宸濠之乱”，初露军事才华

明正德十四年（1519）六月，宁王朱宸濠在南昌举兵反叛，改年号为“顺德”，统兵六万，号称十万，出鄱阳湖，战船沿长江遮天蔽日而下，扬言即日可下南京，史称“宸濠之乱”。南京为明朝留都，消息传来，人心惶惶。南京兵部尚书乔宇急速召集群臣商议对策，说：“如今事起仓促，变故重大，事关国家安危，必须严加防备。请各衙共推一人来执掌此事。”当时南京虽六部机构齐全，官僚济济，均系论资排辈递升而上，一提战乱，谁也不敢站出来担当此事，最后推荐年轻的刑部主事应大猷担此重任，参与兵部平叛行动。

应大猷进士及第后第三年被授刑部广东司主事，后调任南京刑部湖广司主事。他虽然是一介儒生，但“早负大志，独策儒区”，曾赋诗道：

温饱平生非所愿，差池南国亦何求。

风号虎穴长驱马，云黯龙津夜渡舟。

这首诗反映出他渴望驰骋疆场，为国立功的远大抱负。

事实上，应大猷对宁王的反叛早有警觉。正德十二年（1517）他与范时儆同赴南京任职时，就曾对范说："三年后，国家大祸将在南方。"三年后宁王果然叛乱。因此朱宸濠叛乱时，举国震动，南京上下人心惶惶，应大猷却胸有成竹，镇定自若，毫不惊慌。兵部尚书乔宇认为"一切战守事宜俱付之"，都与应大猷谋划，且由应大猷付诸实施。应大猷毫不推辞，"悉心计划"，运筹帷幄，辅助主帅退敌平叛。明军很快摸清宁王叛军在南京的卧底，采取果断行动，斩杀其潜伏在南京的内应党羽三百余人，悬首级于江上。朱宸濠失去内应，且知南京有备，不敢向东进攻。为了有效消灭叛军，乔宇圈点了交通要塞潜山县，派应大猷领军坚守潜山城池，同时令明军主力西逐。潜山一战，应大猷把守的潜山城固若金汤，叛军损兵折将过半。同年七月，宁王终于在安庆城下授首被擒。

叛乱平息后，朝廷论功行赏，应大猷功绩居兵部属官前列，奖赏从优，升任兵部职方司主事，获得了乔宇的赏识和器重。乔宇在朝中常言："人才可济艰难者，莫如应某。"

"大礼议"之争，拥护祖制被责罚

明世宗即位后，乔宇转任吏部尚书。当时吏部文选司主事出缺，乔宇拟将应大猷调任吏部主事。因为文选司主管百官选拔升迁，权力极大，是吏部最为重要的部门，很多人都盯着文选司主事这个关键岗位。乔宇的提议受到部内其他官员的质疑，他们坚持选用官员要按部就班，论资排辈，比如一个官员要先任稽勋司主事若干时限，才能转任文选司主事，这样才符合官场的规矩，官场的秩序才不会乱。现在乔宇从兵部调进一个应大猷，直接就任文选司主事，那些先进入吏部的主事们就会认为自己被别人抢了位置，心里就会有怨气。乔宇斩钉截铁地说：“应大猷是天下奇才，怎么能按旧规矩论资排辈任用呢？”于是力排众议，调应大猷为吏部文选司主事。

这时，武宗驾崩，由于死后无嗣，按照明朝祖制规定，由近支的皇室、武宗的堂弟朱厚熜继承皇位，这就是后来在位时间长达四十五年的世宗。世宗登基之后，围绕亲生父母的尊号问题，在大明王朝掀起了一场轩然大波，史称“大礼议”。群臣分成了针锋相对的两大派别，“拥礼派”坚持尊崇祖制，认为世宗是以兄终弟及名义继承大统的，应该入嗣孝宗皇帝一脉，算作孝宗的儿子，这样一来他已经死去的亲生父亲只能算作“皇叔考”，而亲生母亲也不能成为“皇太后”了，而这是世宗无法接受的；“议礼派”则顺从新皇帝的意思，认为世宗的父亲当然可以是“皇考”，母亲当然可以是“皇太后”。“大礼议”纷争先后持续了三年之久，最后以世宗支持的“议礼派”大获全胜收场，因“大礼议”而下狱治罪的有一百三十四名官员，当场廷杖致死的官员有十六人。仙居籍在京年轻官员如应大猷、应良、张俭都属于“拥礼派”，“跪午门外三日”，“伏阙固争”，结果是每人“廷杖六十”，被打得皮开肉绽，遍体鳞伤，几乎死去。

“大礼议”风波平息后数年，应大猷历任吏部稽勋、验封、考功、文选等司员外郎，稽勋司郎中。他“谢苞苴（贿赂），持法纪，人不敢干（请求）以私”。由于他“孤立行一意”，不肯同流合污，遭到同僚的嫉妒。嘉靖六年（1527），应大猷被排挤，调任广东参政，后再调任江西参政。

“思欲终养”，闲居侍母十二年

应大猷侍奉父母极尽孝道。考取进士的当年，父亲应匡去世，他在家守孝三年，未受官职，服满之后被补为刑部广东司主事。明朝设立“两京”，除北京朝廷外，南京也设立“六部”，官制参照北京，但在北京城里履职的官员比南京的地位重要得多，前途光明得多。应大猷考虑到母亲一人在家，放心不下，就上书吏部，详陈母亲年迈，需要自己在身边照料，而母亲不服北方水土，所以自己不宜在北京为官。于是吏部改任应大猷为南京刑部湖广司主事。应大猷就将母亲王氏接到南京，朝夕侍奉。后应大猷调任江西参政，期满，赴京途中，因母亲年迈多病，每况愈下，朝不虑夕，思归故里心切。应大猷连连上书乞休，申请归乡专心侍奉母亲，获吏部批准。嘉靖十年（1531）夏，应大猷闲居家门专为侍母，早晚茶饭均亲自侍奉。

当年的应大猷虽然身居乡村，但由于他学富五车，县里县外的学子都来求教。众人见他侍亲至孝，无微不至，无不为之动容。史载：应大猷辞官侍母，“杜门谢事”，“清心著述凡十二年”。母亲王氏百年之后，应大猷赤脚扶柩，筑庐墓前，守孝服满，再向吏部报备。

官行一担书，民送两行泪

在群臣的推荐下，嘉靖二十二年（1543），应大猷为母守孝满服之后，东山再起，再度出任江西参政。十二年的归隐生活并没有消磨他那刚正不阿的高尚情操和拳拳爱民的赤子之心。相反，应大猷如劲节之竹，老而不屈，更加坚强。

投簪十载征书频，东山再起人欢闻。
天生劲节老不屈，疲残力庇洪都民。

金贲亨的这首《寿大司寇容庵应翁七十诗》反映的是应大猷在江西任职时发生的一件事。当时，江西巨贪私自侵吞国库白银数万两，为掩盖罪迹，阴谋将这笔巨大的亏空按户口分摊到平民百姓头上，并指派专门官员实施这个罪恶的勾当。此事若成，受害的将是上万的无辜百姓。应大猷对他们的恶行怒发冲冠，向负责此事的官员竭力抗争，盛怒之下，应大猷告诉对方，如果他们继续这样做，他宁愿不当这个官也要向朝廷报告，抗争到底。应大猷十二年前就曾在江西任职，对于这位参政的性格，江西的官员还是清楚的，在场的其他官员纷纷出面打圆场，这场向上万百姓摊派以填补贪污亏空的闹剧方草草收场，否则，不知又有多少贫苦百姓将因此家破人亡。

嘉靖二十三年（1544），应大猷升任云南右布政使，不久转为广东左布政使。明朝时全国共设十三个布政司（相当于省），布政使为一省最高行政长官。云南世代由明朝开国功臣、朱元璋养子沐英子孙镇守，沐氏势倾朝野，又对每一位到云南任职的督抚着意收买，朝廷任命的官员到达此地，都得先往沐家拜访，与其建交私情，才能在当地立足。因而此地历来“法纪不行”，官吏对沐家束手无策，“恣其骄暴”，民苦民难，怨声载道。唯应大猷巡抚云南间“持风纪，与沐家绝私交，一切事必以礼法束入。兼有犯，必置之法网，此家族慑威不敢放肆”。数年间科条法令，上下一致，人人平等，民威大振。任广东左布政使期间，应大猷抚良民，平内乱，“恩威大著”。

滇、粤两地国库充实富足，又盛产珍珠、宝石、文犀、象牙等珍宝奇玩。应大猷洁身自好，“毫不染指”，每次离任或回家探亲，行李除图书之外，“无长物也”。应大猷离任云南时，大街小巷坊间市民以泪相送，史称“官行一担书，民送两行泪”。

平“都蛮之乱”，挫鞑靼兵锋，再显军事才能

由于应大猷“清慎自饬，内恕外严，吏畏民怀，声望日重”，不久又擢升副都御史，巡抚云南。云南与越南（时称交趾）交界，边境一直动荡不宁。应大猷到任后，“明法制，时教阅，缮器械，选将士，凡塞堡要害

无不严为之防”，于是“诸夷慑服，民赖已安”。

适值四川“都蛮”作乱，朝廷又改派应大猷巡抚四川。“都蛮”（又被称为“都掌蛮”）是生活在我国西南地区的一个古老且强大的部落，多次侵袭周边地区。应大猷率兵“出其不意，直捣巢穴”。自此“都蛮”震服，不敢肆虐，四川平定，百姓安居。

嘉靖二十九年（1550），北京发生了“庚戌之变”。世居蒙古高原的鞑靼兵在其首领俺答汗带领下，自长城古北口长驱而入，直迫京城，在城郊大肆掳掠。时“朝中无可恃之将帅，营无可用之兵戎”，京师内外，人心动荡，朝廷上下，束手无策。时任山东巡抚的应大猷闻讯急速调集兵马前往勤王。当时部下有人劝说：“俺答汗来势凶猛，若出兵，只怕‘胜负难期’，加上还没有皇帝旨意来到，不若‘按兵以待’，等圣旨来到后再救不迟。”应大猷毅然道：“救兵如救火，现君父有难，做臣子的怎能坐等观望呢？”于是亲率“步骑三万人援京师”。是时，先后到达的各路勤王兵马共有十几万人，“独山东称骁劲”，鞑靼兵“一遇辄挫”，连夜逃遁。应大猷也因勤王有功，升吏部右侍郎。

进退人才，将使天下共知

吏部列六部之首，主管天下百官考核升迁。但当时权臣严嵩父子操纵朝政，网罗党羽，排斥异己，贪污成风，贿赂公行，文武百官升迁，不看能力，不看业绩，只有一个评判标准，就是贿赂送礼的金银是否足够。时任吏部尚书的万镗是严嵩亲信，严嵩说什么是什么，说用哪个人就用哪个人。应大猷这个吏部侍郎就成了“选事不闻，临事不议”的“虚衔”。

应大猷当然不能容忍这股歪风，他理直气壮地说：“我是吏部右侍郎，现在选人用人都没有告诉我一声，我的职责何在？而且朝廷官员是天下公器，官员提拔或者降职废黜的原因，理应告知天下。现在连吏部的官员都没有参与讨论研究，哪里还谈得上告知天下呢？”

严嵩党羽碍于皇上对应大猷的信任，更慑于应大猷的凛然正气，不敢再像以前那样自行其是。从此以后，凡是涉及官员选拔任用之事，不论大小，都得提交吏部集体研究，如果拟定的人选不妥当，即使吏部尚书极力主张，也不可能获得通过，甚至连内阁发来的指令也不管用，一切按照用人程序，公告天下。自此，明朝官场风气为之一变。

“吾只知三尺法耳，不知其他”

嘉靖三十年（1551）十一月，应大猷升任刑部尚书。明王朝奉行特务治国，东厂、锦衣卫的权力极大，打着皇帝的名号随意拘捕官员，无辜入狱者极多。而刑部负责审判定罪的官员为了保住自己的位置，都顺从皇帝或者东厂、锦衣卫的旨意，有意把犯人的罪定得重一点，判的刑罚也尽可能重一点，因此造成大量的冤狱。应大猷执掌刑部期间，坚守“平恕”之心，宽严有度，恩威并济，独立行使刑事审判权力，依法纠正了不少冤狱。

当时严嵩担任内阁首辅，权倾一时，极力网罗党羽，排斥异己。户部郎中孙绘向来以谨慎清介著称，为百官所尊，只不过长期以来看不惯严嵩、严世蕃父子操纵朝政，与严嵩党羽背道而驰。严嵩力图排斥孙绘，指使亲信爪牙捏造事实，诬陷孙绘，将其打入刑部“鞫问”。应大猷亲自过问此案，“力为申救”。经查，孙绘犯罪证据不足，罪名纯属子虚乌有，活生生是一桩冤假错案。严嵩见势不妙，专程派亲信趾高气扬介入刑部，宣告首辅严嵩旨意，要求刑部按照原告弹劾予以重判极刑。应大猷面对严嵩、严世蕃摆谱，拍案而起，义正词严地说：“吾只知三尺法耳，不知其他。”彰显“台州式硬汉”本色。刑部作出裁定，宣告孙绘无罪，当场释放。应大猷居官清廉，执法严明，不徇私情，认法不认人，朝廷上下无不拍手称好。严嵩对应大猷本来就心存异见，加上围绕孙绘一案，双方矛盾尖锐，势同水火，应大猷成为严嵩党羽的眼中钉。于是严嵩开始精密策划，指使言官无中生有弹劾应大猷，史载“嗾言官以是诋”。嘉靖三十一年（1552）九月，应大猷被免除刑部尚书之职，归家闲居，时年六十六岁，任刑部尚书仅十一个月。

告老还乡，散尽余俸救济乡亲

“归来事业敌官守，肯将岁月沉诗酒。”回籍仙居之后，应大猷从不“求田问舍”，“侃侃自乐”。从其《东湖听琴》一诗的“荣名意俱懒”“顾盼天宇宽，驾言归路坦”等诗句可以看出，这位怀有“出则兼济天下，归则独善其身”的一代名臣是何其坦然。他将自己在官场所得的俸禄积蓄散发给贫困乡亲，“见人贫困，每倾囊周恤，虽家无担石，不忧也”；而“士有片善，急为谕扬”，望重乡里，“人皆德之”。同时，为造就人才而“讲学不倦，尤潜心易学，老而益勤”。应大猷一生著述甚丰，有《周易传义存疑》一卷、《容庵集》十卷传世，被《永乐大典》总校、状元秦鸣雷誉为“造理精深，铸词雅则”“抱德隆硕，负气刚明”的“不朽”之作。

严嵩垮台后，穆宗眷念名臣忠臣，然而应大猷年事已高。这一年，应大猷已经年七十九岁，“惜不可再官”。隆庆元年（1567）、万历二年（1574），皇帝特下旨存问应大猷，万历七年（1579）又遣方万山到家存问。万历九年（1581）九月初六日子时，应大猷在仙居县下各镇下各村安详离世，享年九十五岁。神宗命官致祭，遣中书赵景柱督造茔墓。坟墓位于仙居县南峡山隐真宫，状元出身的礼部尚书秦鸣雷撰写墓志。

家风传千古，遗泽惠后人

据下各应氏宗谱记载，应大猷的祖父应巨家境富裕，孝友仁厚，乐善好施，乡里百姓遇到什么难处，只要向他开口，他都一口答应，全力予以帮助。当年遇上流行性瘟疫，四乡八镇均有传染，人心惶惶。左右邻舍都唯恐避之不及，而应巨常怀怜悯之心，不怕危险，到病人家里探望，并捐款为他们买药求医，救活了一百多人。应大猷父亲应匡继承家族传统，和父亲一样孝友仁厚，在宗族和乡邻中深孚众望，人称“草鞋御史”的乡贤王存忠因此把女儿嫁给他。应匡二十岁时入县庠读书，把自己得到的廪禄都送给那些贫困的同学。应大猷，性情温顺，举止文雅，自小善良厚道，身居高位后待人更加宽厚谦和。在应大猷七十三岁时，应家建房，与邻里滋生事端，应大猷主动退让三尺，因此感动对方，化干戈为玉帛。此事记载虽然与安徽桐城张英、张廷玉父子的“六尺巷”有雷同之处，但仙居《应氏宗谱》的记载要比安徽桐城“六尺巷”的故事早一百余年。

应大猷临死前吩咐子孙后代将《插秧歌》镌刻于墓前：

手把青秧插野田，低头便见水中天。
六根清净方为道，原来退步是向前。

退步就是前进。为人，有时就像种田，虽然是在退，但在退中前进了。进是前，退亦是前，何处不是前？其中“低头便见水中天”亦很有玄妙，即为“低头见天”。水中天如镜，正如人要自觉自悟，使本性清澈显见，才能够六根清净，这就是做人之道，更是为官之道。

应大猷的后辈们真的按照墓碑前的《插秧歌》去努力践行，应家“蝉联不绝，科名与宦业并显”。自明正德九年（1514）应大猷首登进士榜后，弟应大桂为嘉靖五年（1526）进士，任黄州、登州知府；长子存初为嘉靖四十年（1561）举人，任刑部主事；次子存性为嘉靖三十五年（1556）进士，任湖北恩施府知府；五子存卓为嘉靖三十八年（1559）进士，任贵州左布政使、太常寺卿；孙应世科为万历七年（1579）举人，任汝州同知；孙应朝卿为万历十七年（1589）进士，任监察御史、按察司副使；孙应汝化为万历二十三年（1595）进士，任江西右布政使；孙应彦卿，官至县令。应大猷的八子中的其余五子存修、存畏、存素、存征、存幸均品学兼优。大猷孙辈中也诸多孝贤者。短短八十年里，应家共出了六位进士、两位举人，且个个声绩并著，或为朝中大臣，或为封疆大吏，真可谓进士世家、官宦门第。

130

应大猷石刻像。

延伸阅读一

《明应尚书读书处》石碑

2004年秋日的一天，临海市郑广文纪念馆南侧修复八仙宫山门工地上，在南面墙基旁土堆中挖出《明应尚书读书处》残碑两角（合并占全碑的三分之二），落款为“民国廿七年（1938）里人杨镇毅撰序”。

石碑正中直行大字七个，每字13厘米×10厘米，曰“明应尚书读书处”，阴刻，大字两旁布满小楷铭文约三百字。

文曰：明乡贤应巨公娶镇江守王存忠公女，举□于此建书院课子孙，次子应大猷正德甲戌（1514）进士，官刑部尚书，第七子应大廷嘉靖丙戌（1526）进士，官江西按察，子孙荣显，皆发祥于此。

延伸阅读二

应大猷被尊称为“阴骘尚书”

《光绪仙居县志》记载：应大猷年轻时在离临海城三里的清溪读书，经常去城里和文人相聚谈艺，至日头下山时才回到书馆。有一次，他听说临海红牌门张滔之妻因为丈夫久客不归，不忍公婆逼她改嫁，将要自缢。于是，应大猷回到书馆，写了一封信，并连同卖田得来的四两银子，在第二天交给了张滔的父亲，并假托系张滔所寄，从而救下了张滔之妻，使其夫妻团聚。因此，应大猷被乡人称为“阴骘（阴德）尚书”。

超群拔俗 张俭

方炳乾

传世家训：上不负天子，下不负百姓，中不负所学。

张俭（1487—1545），字存礼，号圭山，今仙居县城西门村人，正德九年（1514）进士，历任工部都水司主事、江西佥事、福建建宁兵备、四川按察副使、福建参政、江西右布政使。

明洪武元年（1368），福建全省八路改为福州、建宁、延平、邵武、兴化、泉州、漳州、汀州八府，俗称“八闽”。明朝时，福建是海防重点省份，为了拒倭寇于海外，明朝实行残酷的海禁，给福建百姓的生计带来困难。在这个节骨眼上，朝廷将仙居人张俭调到“众乱四起”的福建省任参政，居然得以标本兼治，有民谣曰：“一张八闽安。”

学有所成，读书破万卷

张俭，为晚唐进士、大中大夫、仙居西门张氏首祖张文伏第二十三世孙。张俭的父亲张暨，学无功名，但家底殷实。张俭出生于明成化二十三年（1487），从小聪明伶俐，“生有异才”，且又长得一表人才，张暨满心希望张俭学有所成，以光宗耀祖。张俭品貌端庄，风流倜傥，推崇晚唐诗人项斯。长至十三岁，遍读四书五经，吟诵出口成章。然而张俭学业偏颇，读书读史，沉迷于《诗经》，连年赴考乡闱，都是榜上无名。本县应大猷比他早六年就考取了举人，而张俭却是屡试未第。于是张俭将读书方向转移到《春秋》，果然于明武宗正德八年（1513）与本县吴荣贺同登举人榜。翌年联捷，与本县应大猷、吴廉同登甲戌唐皋榜进士。张俭、应大猷为二甲进士，吴廉为三甲进士。大明朝历经十六帝，享国二百七十六年，仙居人赴京考取进士，唯这一年最好。张俭的祖父是个老秀才，吟诗道：

嫩竹发新丛遥映，杯间绿谩促晓行。
车细酌论心曲固，早卜其文章华国。

“大礼议”奏疏，不惧打击

在同科三位仙居人张俭、应大猷、吴廉之中，张俭考取进士的名次最好，列二甲一百三十五名，应大猷一百五十五名，吴廉为三甲进士。张俭初任工部都水司主事，寻改南刑部（即南京刑部）主事，稍迁员外郎。

世宗朱厚熜登基不久，欲追尊自己的生父为“皇考”。当时的情形是，由于前任皇帝无子继位，按照祖制，从近支选择，朱厚熜才得以继承皇位。朝廷就皇帝生父尊号的问题发生了争议和斗争，历时三年，后世称之为“大礼议”。当时，南京刑部主事桂萼、新科进士张璁揣度世宗的心思，要求世宗尊生父为“皇考”；以杨廷和、毛澄为代表的前朝老臣要求世宗尊奉正统，以明孝宗为“皇考”。张俭认为杨廷和言之有理，毅然上书声援。随后，时任吏部文选司主事的应大猷与仙居籍前科进士、翰林庶吉士应良也相继上书，附和杨廷和主张。张俭文辞切切，“挺笏批桂萼颊”。最后，张俭与应大猷、应良均被罚以廷杖，打得皮开肉绽，且仕途遭到严重打击。

江西治水，留下“张公堰”

江西丰城有二十三条河溪，主溪有条张公堰。五百年后的今日，张公堰仍然汩汩灌溉着两岸千亩良田，滋养着一代又一代的丰城百姓。这条张公堰就是纪念当年张俭为民治水的。

张俭在工部都水司任职期间，才华卓越，治水有方，蜚声朝野。适逢江西连年水灾，朝廷便派知名治水官张俭就任江西佥事，以便监督治水。从张俭《雨夜》一诗中可见江西丰城久雨不开、积水成灾的情景：

昼夜兼旬雨更阴，守官无状独沾襟。
耳边聒聒水连市，眼底昏昏云拥林。
枯麦几家曾获尽，短秧到处已埋深。
伤农害稼浑非小，默祷何能只素心。

张俭出身农家，仙居的农耕文化滋养了他强健的体魄，他时常微服隐名去治水工地亲身劳作。据传，张俭穿着草鞋到工地抬石头砌坝，老是“让杠”给对方，将中绳往自己杠头挪，赢得周边劳工的钦佩。后来，张俭的身份被别人发现，百里工地一片欢腾，丰城上下万众一心，治水热情空前高涨。自此以后，丰城河道畅流，堰坝纵横，旱涝无灾。丰城百姓为了纪念张俭治水功德，特将此堰命名为“张公堰”。

史载：张俭“出为江西佥事，丰城水溢，亲行视筑堰，以杀其患，民歌之，名为张公堰”。

平匪蜀地建军功

明嘉靖二十四年（1545），四川重庆盗匪肆横，明军在明处，恶匪在暗处，官府毫无对策，州县奏本叠叠而至。重庆府的盗匪之乱，已经成为朝廷敏感话题。朝廷点将张俭以四川按察副使（从四品）巡察四川，监督重庆府倾力剿匪，确保四川天府宝地安居乐业。

张俭初入蜀地就深入民间调查研究，掌握了匪情资料。重庆府的盗匪之患，窝点在铜梁县，铜梁的地理位置复杂，易守难攻。为提振官兵士气，张俭披戴铠甲，一马当先。重庆府官兵见状士气高涨。张俭让小股兵力与民团在西边佯攻，吸引与牵制盗匪主力，自己亲自领兵直捣盗匪窝点，三天的围追堵截，斩首一千余人。然后张俭亲自书写檄文《弭盗谕》，以诚告诫残余盗匪，速来投诚。果真残余盗匪纷纷来降。继之，张俭手书《告重庆城隍文》，告诫重庆子民，弃恶扬善，做个好人，心正身安。后人将《告重庆城隍文》镌刻于石，至今尚存。张俭入蜀半年，剿匪宣告结束，重庆府盗匪泛滥之状得以根治。张俭得到了朝廷褒奖，并擢为福建参政（从三品）。《康熙仙居县志》记载：张俭“升四川副使，会铜梁盗炽，焚掠州县无忌。俭环甲胄亲援，抱鼓于和门，出奇制变，立荡平之”。

平叛四川，张俭感慨万千，吟诗《平蜀道》：

驱石刊山路始通，荡平谁不羡神功。
依依春柳迎新绿，错认川东是浙东。
明府劳民傍岁闲，功成三月万民欢。
若教心路亦如此，一道风声定改观。

履官福建，“一张八闽安”

《康熙仙居县志》记载：张俭生来颖异，风度潇洒，超群拔俗。他曾经两度赴福建任职，第一次到福建是嘉靖二十一年（1542），当时建宁一带新屯田亩广袤，但土地贫瘠，田园荒落，加上连年水灾，田户十有八九交不起租金，衙门监管官员对不能及时交租的田户“严刑追敲，苦不堪命，率多流亡”。无奈之际，官府只得按男丁摊派税徭，谁家儿子越多，越是叫苦不迭。因此，当时的福建建宁一带，只重生女不重男，甚至将新生的男婴“视为鬼物”。

针对福建的实际情况，张俭体恤贫苦，连上奏章《乞放归田里疏》《乞清寺田闽免屯田税疫疏》，甚至冒死进谏，向朝廷争取惠民政策。经过反复奏请，朝廷终于恩准豁免课税，一时“欢呼声震里巷”，田户称张俭为“救苦救难活菩萨”。适逢仙居应大猷以公事路经福建，两位仙居人同年出生，又是同科进士，真是千年之缘，相见尽欢。临别之际，张俭送应大猷一丛福建文竹，二人互勉，以竹喻人，彰显了二位仙居名宦的高风亮节。

古人云：“官能清，则冤抑渐消；吏能廉，则风俗自厚。”张俭第二次到福建是平定重庆府盗匪之乱后，得功受奖，升任福建参政。张俭对福建风土人情了如指掌。在福建张俭不是主官，是省府衙门的佐官。原先省府衙门风气极差，官员惰政，贿赂成风。张俭深知民苦民怨，到任之后，以身作则，轻车简从，十指不染，衙门风气彻底得以改变。《福建通志》记载，张俭执法公正，为政清廉，声望甚高，有“一张八闽安”之谣。张俭立有家训并终生信守：“上不负天子，下不负百姓，中不负所学。”

嘉靖二十三年（1544）张俭因病致仕，回归故里，以教育后代子孙为乐。翌年病故于家，年仅五十八岁，“乡人共惜之”。《光绪仙居县志》载：参政张俭墓在县西南二十里大战口，张俭门生、吏部尚书李默亲自为其撰写墓志。平定四川铜梁之乱之后，朝廷为了褒奖张俭劳苦功高，恩赐张俭建造少方伯坊一座。《康熙仙居县志》记载：“少方伯坊，在县西南，为参政张俭建。”很可惜，这座工艺精湛、高耸入云的少方伯坊在辛亥革命前后倒塌。

张俭出生地“蒋宅里”，是目前仙居县城区内保存最为完整、体量最大的古民居。

延伸阅读一

楠木寺

张　俭

大才从古说楩楠，楠木名山岂浪传。
昔日合围曾作栋，近来孤干欲参天。
刚心未敢忘廊庙，大匠何当限岁年。
愧我如樗空老矣，清宵吟咏一凄然。

延伸阅读二

请清寺田恤屯困疏（节选）

张　俭

臣仰承纶音之重，俯察民食之艰，凡分所当为而力所难为者，无不夙夜祗慎供职，以求无忝一方之寄。

铁面冰心李一瀚

李益民

传世家训：职无虚设，禄岂妄干。

传世家训：忠恕为心，简易为政，事举其要而不烦，令出有常而可守。

李一瀚（1505—1567），字源甫，号景山，今仙居县田市镇李宅村人，嘉靖七年（1528）乡试中举，十七年（1538）进士及第，历任江西吉安府安福县令，云南道监察御史，江西道监察御史，江西按察司佥事，山东布政司右参议，山西按察副使、整饬井陉兵备，四川按察副使、整饬茂威道兵备，陕西布政司左参政，陕西按察使，山东布政司右布政使，应天府府尹，都察院左副都御史。

李一瀚为官三十年，有四个鲜明的特点：一是清廉，廉洁之操一尘不滓，分外之财一概不取，至死身无长物，家里房屋没有增加一间，田地没有增加一亩，老婆孩子没有一件好衣服；二是能干，除了担任御史之职外，他辗转多地，出任县、省级行政长官，还曾两度掌管军队剿匪安民，政绩卓著；三是刚直，一身正气，嫉恶如仇，敢做敢言，无论是地方豪强，还是权臣藩王，无不对他忌惮三分；四是爱民，视百姓如家人，时时处处关心百姓疾苦，维护百姓利益。正因为刚直，李一瀚得罪了包括当朝首辅严嵩在内的不少人，一生仕途坎坷，尽管政绩卓著，但职位一直不高。直到他生命的最后一年，新皇穆宗登基，李一瀚意外地被连续升迁五次，直至都察院左副都御史，才得以位列从三品。但也因为清廉、刚直和爱民的品行，他赢得了当时和后世人民的衷心爱戴，“铁面冰心”的美誉流传千古。

赤石双山，南洲识慧

李宅旧称赤石，李氏先人在南宋建炎年间（1127—1130）从永嘉苍坡迁徙过来，定居于此，并逐渐繁衍成一个庞大家族。李氏家族世代崇尚耕读传家，在宋明两朝有包括李一瀚在内的六人考中进士，号称“一门六进士”，李宅村是一个藏在深山里的进士村。

李一瀚是赤石李氏第十七代裔，兄弟中排行第四，与三哥李一潮年龄相近，从小一起在家族书院盘谷书楼中读书。李宅村中有座小山叫眠牛山，村后有座高山就是景星岩，兄弟俩以山为号，一潮自号牛山，一瀚自号景山。一瀚自幼端庄稳重，不善嬉戏，沉默寡言，学业优异，但是还远远比不上三哥一潮。李一潮是远近闻名的神童，每写出一篇文章，立马被人们争相传诵，被读书人当作范文模仿。相对而言，父亲与乡人都更加寄厚望于一潮。

然而，仙居下各有位进士出身、曾任编修的乡贤应良（号南洲）看好一瀚，而不是学业更优秀的一潮。应良为其兄弟的两个女儿择婿，一个嫁给李一瀚为妻，一个嫁给林应麒为妻。后来一瀚与应麒都先后登第，李一瀚历官至都察院左副都御史，林应麒任惠州同知。而一潮尽管“笔参造化，学究天人”，却仅在乡试中夺得贡元，屡次参加会试都名落孙山，年近五十才先后担任福建永安司训、广东始兴教谕，不久倦于常年跋涉于闽粤间，辞职回家，跟随告老还乡的应良潜心于阳明心学，寄情于山水之间，并带领族人重修族谱，重建宗祠，制定祭祀制度，成为族里的精神领袖。世人因此认为应良慧眼独具，无不佩服。

严守父训，清廉自持

李一瀚成为一代廉吏，其父李鑺的影响甚大。李鑺，字尚澄，号环翠，为人正直忠厚，急公好义。李鑺担任粮长，负责征收全乡的田赋，经常遇到同族兄弟叔伯交不起赋粮，都是拿自家的粮食帮他们代交。有个族叔祖穷得要卖妻，他给粮给钱，让族叔祖把妻子领回来。有一年粮食歉收，一斗米卖到银二钱，富户皆争着粜粮而不愿意借贷给乡民。李鑺只有数十石稻谷，却只以平常的利息借贷，一颗稻谷都不粜。

李一瀚高中进士后，担任江西安福知县，台州府的王别驾是安福人，专程上门拜访，李鑺客气地接待他，但言谈中丝毫不涉及安福县的公事。王别驾屡次设宴邀请他，他却一次也没有赴宴。李一瀚把父亲接到安福享清福，安福的官绅上门拜谒，李鑺一概不见；有人送礼物，一概不受。老人家在安福只住了一月就回仙居了，他清楚地认识到，这么多人对他这么尊重，这么热情，这么费尽心思巴结他，无非是希望他在当县太爷的儿子面前为自己说句好话，而这种人情请托，一定会歪曲事实甚至颠倒黑白，所以他不能留在安福，不能坏了儿子清白的官声。他对儿子说出了自己的心愿：“我只要你当个清官就满足了！”后来李一瀚官越当越大，李鑺一生不踏入衙门一步。

和父亲一样，李一瀚为官三十多年，数次回家丁忧、休养，除了为郡县的公事，没有踏入府、县衙门一步。李一瀚没有辜负父亲的心意，始终

“一尘不滓”，至死“囊无长物”，以“铁面冰心”名垂千古。而李鑺于嘉靖二十三年（1544）父以子贵，敕赠文林郎、江西道监察御史。

丈量田土，革除冒滥

李一瀚仕途的第一站是安福县。史载安福多豪强之族，李一瀚一到任就深入百姓家中，询问民间疾苦。对于普通百姓，他总是态度温和，像对待家人父老一样；对于世家豪族，只要他们谨守礼法，他也彬彬有礼。但是对于怙恶枉法之徒，李一瀚采取铁腕手段，予以严厉打击，决不宽宥，一时间土豪劣绅销声匿迹。当时正值重新核查编制州县村庄、人丁、田产文册，一些官绅之家从穷苦人家手中兼并了大量土地，为逃避田赋却百般设法瞒报，他们的赋税因此分摊转嫁到穷苦百姓的头上。前任安福知县、学士松溪程公决心革除冒滥之弊，如实丈量田土，但是遭到当地豪强的强烈抵制，最后不了了之。李一瀚顶住重重压力，下令重新全面如实丈量耕地，大户豪族与平民百姓一视同仁，决不偏私，限期完成。他把官宦之家的资料另造一册，载明“某官某生在某户”，每年亲自批阅，士大夫该享受的优免照例享受，但不允许重复享受，任谁也不敢捣鬼，长期冒滥积弊一朝根除，百姓的负担从此大大减轻。当时在朝廷任职的安福籍官员邹时益感叹地说：“李一瀚审编丈量田地一事的方法，推而之广，用来治理天下也不难啊！”

心怀苍生，情系民瘼

作为一个从偏远山村走出来的官员，李一瀚深知穷苦百姓的疾苦，始终是百姓利益的代言人和保护者。担任山西按察司副使期间，延边诸郡百姓吃土产小盐，很是方便实惠。巡盐御史却上奏朝廷，要求禁止土盐，全部改吃官方的池盐。李一瀚上疏力止：边郡崇山峻岭，池盐远道运来，价格上涨五倍，百姓穷苦，谁吃得起啊？此事终于没有实行，边民感激不尽，专门编了歌曲来称颂他。

李一瀚任山东布政使司参议时，恰逢大旱，蝗灾爆发。他亲自上阵，率领民众捕蝗，几日而蝗灭。接着又发大水，淹没民房数千家。李一瀚不顾危险，乘坐小艇实地查看，亲自查验受灾程度，分类予以救助，使万千灾民得救于水火之中。

抑强扶弱，慑服藩王

与面对百姓时的侠骨柔肠不同，面对权贵豪强，李一瀚则是铁骨铮铮，嫉恶如仇。李一瀚担任江西按察司佥事前，当地有一个湖泊，百姓一贯享受采莲捕鱼之利，后来被当地的皇族宗藩强占，百姓再也不能进入湖泊。李一瀚一到任，立即把湖判还给当地百姓。南昌以前有个刘某，疏浚河道几百里，使两岸田地得到灌溉，沿岸百姓大受恩惠，为他立祠纪念。有熊姓豪族仗势夺河为田，并毁坏了刘祠。河道堵塞，百姓的禾苗得不到灌溉，成为一方之患。李一瀚痛下决心，抑制豪强，使河道畅通如初。当地有很多盗贼日夜作案，百姓不得安宁，他严厉打击，抓捕判决，决不手软，社会治安大为改观。所有的诉讼审判，他必亲力亲为，细细剖析案情，秉公依法做出判决，使人心甘情愿接受。

任陕西按察使时，遇上当地藩王府与民争讼田产的案子，李一瀚秉公判决，将百姓的田产全部判还。藩王城墙外的渠河是百姓用于灌溉土地的命根子，王府扩张城墙，居然把河道也圈占了据为己有，李一瀚把扩出来的城墙一并拆了，把被霸占的河道还给百姓。慑于李一瀚的廉威，不可一世的藩王也服服帖帖不敢妄动。

铁面冰心，折服奸相

当朝内阁首辅严嵩家在袁州，但产业都在南昌。严嵩权势熏天，生性奸险，一句话就能决定别人的生死，其家人仗势胡作非为。江西士大夫很多奴颜婢膝自认干儿子，或者与严府的家童奴仆结为兄弟，所以升迁都很快。李一瀚担任江西按察司佥事时，风骨铮铮，矜持自守，而且一点也不顾严相的情面，严府家人犯恶，同样依法予以严惩，所以五六年都没有得到升迁。一次进京，自然得拜会朝廷首辅严嵩，其他官员都带着厚礼，多的有“数百金”，只有李一瀚是空手去的。

在山东布政使司右参议任上，李一瀚又一次触犯了严嵩的利益。当时山东的风气是，官宦人家田地多，但都赖着不交纳田赋，贫苦百姓田地少，田赋却交得多，因为官宦家拖欠的赋税都要大家分摊补齐。有个编修叫梁绍儒，是严嵩的干儿子，最为牛气冲天，一直不交田赋。李一瀚到任后严令追缴，梁绍儒跑去找干爹，严嵩无奈地说：“李某人岂是可以说情的人?”梁绍儒知道势不可挽回，勉强交了一半的粮。李一瀚不依不饶，全部征收才罢手。

嫉恶如仇，路祭贪官

担任御史后，考察官员是李一瀚的主要职责。他认为，评定官员优劣是为民择官，凡是百姓喜欢的官员，我也喜欢，就向朝廷举荐；凡是百姓厌恶的官员，我也厌恶，就要向朝廷弹劾举报。在他存世数量不多的文章里，反复称颂的都是能体谅百姓疾苦、能革除弊病让百姓安居乐业的地方官员。如《送七墩王先生还治天台序》中，他最看重的是王县令体恤民力，想方设法减轻百姓劳役负担的仁政。而对那些胡作非为、贪赃枉法的官员，李一瀚则铁面无私，不留情面地予以弹劾，因此当朝权贵对他是既恨之入骨，又无不忌惮三分。

有一次，李一瀚因故赋闲还乡，当时署理仙居县事的是台州府推官萧文清。萧是首辅严嵩的亲信，已经升任严州同知，临走前想再捞一把，以修复被倭寇焚毁的城墙为名，百计渔猎，肆无忌惮，劫后余生的民众不堪忍受。李一瀚这位谦谦君子怒发冲冠，竟然端着摆放祭品的盘子到东岭为萧文清“饯行”。这种出格的做法叫作“摆路祭”，通常是亲友在为死者送葬的必经之路上设祭的一种礼仪。慑于李一瀚的清廉之威，或者萧文清还算有些羞耻之心，第二天他就悄悄溜走了，“一邑称庆”。

刚直不阿，宠辱不惊

在封建官场，官员的第一要务是把上级伺候好，特别是接待上级官员，更要隆重奢华，稍有怠慢就可能大祸临头。李一瀚就任安福知县时，一位姓沈的御史到安福，李一瀚公事公办，按规矩接待。沈御史很不满意，认为是对自己的怠慢，当众大发雷霆。但李一瀚视若不见，安之若素。沈御史百般搜集李知县的罪状，结果竟然挑不出一点毛病，不禁深感敬佩，当众称赞。面对御史的称赞，李一瀚居然一样无动于衷，也没表现出怎么高兴的样子。沈御史叹道：“李知县真可以说是宠辱不惊了。”

李一瀚的刚直作风始终如一。当时官场阿谀成风，特别是与上司相见，都要行四拜四叩头礼，李一瀚特别讨厌这种风气，谒见顶头上司也只行两拜之礼，为此得罪上司，多次耽误了升迁机会。众人为他鸣不平，他本人却怡然安之。

谏止南关，公忠体国

嘉靖二十一年（1542），蒙古铁骑大规模突入边塞，朝廷震恐，议决于居庸关之南的南关东西延袤二千里地域，动工筑城墙、挖深壕。时任江西道监察御史的李一瀚受都察院派遣去实地勘址。经考察，李一瀚认为筑城挖濠是示弱之举，无助于抵挡蒙古大军，加之目睹许多工役不堪忍受苛酷劳役而自杀，民房、祖坟被毁甚多，百姓流离失所，去者十有六七，存者生不如死，毅然给世宗上《谏止南关城壕疏》，直言筑城挖壕御敌是个不可行的馊主意。他责问决策者，在东西延袤二千余里区域筑城挖壕，要花多少人力物力？而今日动用了二十万工，只得到“盈丈之壕，七尺之墙”，民间财力已经不堪承担，已弄得民怨鼎沸了，旷日持久何以为继？他对已被敌人吓破胆的世宗说，筑墙挖壕消极防御，不仅挡不住敌人，而且反而搞得民心离散，不战自败。只要征召精兵强将，分布要塞，加固城池，备足粮草，万众一心，抵御外敌，敌人又能猖狂几时？朝廷最终接受了李一瀚的建议，停止了这一劳民伤财而且示弱于敌的决策。

奏开言路，批逆龙鳞

李一瀚任职十几任，大部分时间担任言官，又称谏官，专司对君主的过错规劝之职。所谓忠言逆耳，历史上有“文死谏”的说法，尤其明代皇帝是历史上最为严苛刻薄的，稍违心意，不管多大的官都有可能在朝堂上被“廷杖”致死。所以很多言官选择沉默来保全性命，有的搜集一些鸡毛蒜皮的小事上奏以塞责，有的堆砌一些永远正确但毫无用处的大道理以免祸，而对于国计民生、贪腐丛生等问题，则视而不见，充耳不闻。秉承“职无虚设，禄岂妄干”祖训的李一瀚却无法沉默，他“逆龙鳞、撩虎须”，给世宗上了一道《开言路疏》，指责世宗深居西苑、专事建醮修道，不理朝政，对九庙化为灰烬，阴谋起于萧墙，北虏侵扰不止，公卿将相贿赂公行，藩司府县贪酷无忌等乱象闭耳塞听，反而残酷钳制诤言，对敢于进谏的朝臣动辄廷杖，往往是五六十棍、七八十棍，被当廷打死的数不胜数；侥幸活过来的，有的被投入监狱，有的被流放边疆，有的被降职，导致满朝官员杜口结舌，对国家安危置之不问。他指出，历代昏君暴君拒绝接受进谏的结果都是步“桀纣之迹”。为此要求皇帝改正错误，为所有受冤屈的诤臣平反，广开言路，以保国家长治久安。世宗虽对李一瀚的忠言置若罔闻，幸好也没有降罪于他。李一瀚这种“批逆龙鳞以求珠”的大胆直言，颇有古大臣之风。

穆宗谕祭，入奉乡祠

李一瀚为官三十年，足迹遍及东西南北，每一任上无不恪尽职守，政绩卓著，然而仕途坎坷，资历深而品级不高。在他生命的最后一年，即隆庆元年（1567），他却被连续升迁了五次：升陕西布政使司左参政，立即转任按察使，升山东右布政使，升应天府府尹，一个月后升都察院左副都御史，始得位列从三品。可惜天不假年，在赴任都察院左副都御史途中，病故于杭州。按照朝廷惯例，从三品以上的京官能获得皇帝祭葬的待遇，但任职时间短、政绩乏善可陈者是不能享受这个待遇的。李一瀚获任应天府府尹仅一月，升左副都御史还没有到任履职，却因政声遍朝野，正气满人间，获明穆宗皇帝诏赐祭葬，此实为罕见的殊荣。后在吴时来等的倡议下，李一瀚又被列入乡贤祠。家族后人又建都宪公祠以纪念这位杰出先祖，至今基本保存完好。

李一瀚墓坐落于今白塔镇东村，地名仙人大座。“文革”中遭毁，墓棺被打开，墓中没有金银珠宝，只见几叶甲带碎片、几缕残骨、几枚棺钉，还摆放着一块约六十厘米见方的石碑，上书“都察院左副都御史”等字。今墓已重修，石碑下落不明。其墓表尚存，是由三位仙居籍进士合作而成的杰作：赐进士第、中宪大夫、南京都察院右佥都御史吴时来撰文，赐进士第、奉议大夫、广东惠州同知、前国子监五经博士林应麒篆额，赐进士第、中宪大夫、广东提刑按察司副使应存卓书写。

万世垂范，星灿景星

时任左都御史的同乡好友吴时来感叹：“李都宪天下第一流人物。”李一瀚一生平易近人，简约稳重，与人相处忠厚随和好像没有什么能力和主见，但是到了是非利害的关键节点，却观点鲜明，立场坚定，不可丝毫动摇。他为官为人坦荡无隐，光风霁月，“人有善，爱之若已有；见官邪，虽不出诸口，其心探汤视之”。他担任御史，为民择官，时时以民为本，“民之所喜，吾亦喜之，即荐；民之所恶，吾亦恶之，即劾”。当时肯定有很多人恨他，但即使是身居相位的严嵩，在内心还是对他肃然起敬的，不得不叹息：“李某岂可与言哉？”

《〈光绪仙居县志〉序》评点仙居立县一千五百年以来本地人物，提到的不过寥寥十三人，而李一瀚以“宦绩”赫然在列：“观其人物，如吴康肃、应南洲之刚直，翁一瓢、吕六松之清高，陈南塘、应容庵之讲学，郭正肃、吴忠恪之击奸，张圭山、李景山之宦绩，柯丹邱、王文通、林介山之文采。”

而更为人称道的是，其为官三十年，廉洁之操“一尘不滓”，至死“囊无长物”，“室庐田产无所增益，妻子婢仆身无美衣”。明穆宗在李一瀚的谕祭文中评价他“性资刚毅，操守清严”。李一瀚的连襟、时任惠州府同知的林应麒称颂他“铁面冰心，何知避忌；忠肝义胆，不惮批鳞”，由此“铁面冰心”成为李一瀚的盖棺之论，传颂至今。

都宪公祠位于仙居县田市镇李宅村南，为祀李一瀚而建，始建于明代隆庆年间，清代嘉庆年间重建。都宪公祠布局规整、建筑高大、造型古朴，为李宅村保存较为完整的宗祠建筑。

延伸阅读一

李一瀚谈为官之本

李一瀚有个朋友叫项锦山。项锦山早年丧父，寡母含辛茹苦把他拉扯大，读书得了功名，估计再等几年就能得到州县副职之类的实缺。但他实在等不得了，因为母亲已经六十八岁了。他到吏部恳请提早给他一个杂差，领一点点俸禄来奉养已时日不多的母亲，结果被任命为青阳典史。临上任前，项锦山来向李一瀚请教为官之本。

李一瀚问："你去当典史，是为了俸禄，还是为了母亲？"

项锦山说："为了俸禄。"

李一瀚说："为俸禄，那为什么不再等等，选择职位高一点、地方富一点的差事？"

项锦山说："为了母亲。"

李一瀚说："奉养母亲最好的路子莫过于当官，既有俸禄供养，又能让她感到荣耀。你既然是为了奉养母亲而出仕的，那么职位的高低、俸禄的多寡，就可以不用计较了。你抱着为了奉养母亲而去做官的信念，自然能够兢兢业业去思考保住职位的办法，那么一毫不义之财、一念不忠之思都会让你害怕，害怕会影响你的职位，害怕会断送你的前程，不能奉养你的母亲，因而就不会去做这些事了。只要做到这一点，其余的如怎么做好上级交办的工作，怎么治理百姓，凭你的本心去做就足够了。"

人有以势自矜者，感而赋焉

李一瀚

世间贵与富，悠悠等浮云。
太虚自寥廓，变化从朝昏。
昨日卿与相，绯衣垂紫绅。
今晨落仕籍，仍归廛里民。
荣达岂为常，贫贱还自存。
嗤彼缙绅客，气焰安足论。

作者在诗中表达了对得志便猖狂之徒的厌恶之情，反映了淡泊名利、宠辱不惊的人生态度。

嫉恶如仇 林应麒

方炳乾

传世家训：臣之官之日，即谢绝亲旧，秉志束身，勉图自效。

林应麒（1506—1583），字必仁，号介山，今仙居县福应街道断桥村人，明嘉靖十四年（1535）进士，历任吴江知县、六安州判官、泰安州判官、金溪知县、云南提举、惠州府同知、江南巡按、江西监察御史。

林应麒才华出众，嫉恶如仇，即使面对炙手可热的权贵豪门，也持针尖对麦芒之势，丝毫不惧。因为耿直不羁的个性，林应麒宦海沉浮，备尝艰辛，不能充分展现其才华、实现其抱负。

推崇阳明心学

林应麒父亲林谦读过四书五经，算得上有文化，但无科名。母亲王氏是本县城里东门人，秀丽且又贤惠。据谱牒记载，林应麒的母亲妊娠时曾经梦到有鹿身牛尾的无角野兽闯入她的卧室中，醒来后将相关的梦境告诉其丈夫。林谦说这是麒麟，以“应验得麒”之意，为儿子取名林应麒。

林应麒天资聪颖，博览群书，写得一手语浅意深、清丽脱俗的好文章，二十岁时就参加乡试中举，在县内引起轰动。林应麒幼年时，正逢应大猷辞官归家侍母，父亲林谦立即抓住机遇，携儿拜师应大猷。应大猷诲人不倦，与林应麒论经品道，他应答如流。当年比应大猷早一科进士及第的仙居籍在京官员应良，认为林应麒是奇才，来日必成大器。他在为弟弟的两个女儿选择女婿时，将其中一个嫁给了李一瀚，另一个则许配给了林应麒。明嘉靖年间，林应麒曾因科举会试名落孙山，遂从学王阳明，其间学业日益精进，日后终身推崇阳明心学。嘉靖十四年（1535），林应麒再度赴考并考中进士，那一年他恰恰三十岁。同年十月，他被授予吴江知县的官职。

得罪监察御史

当时，吴江县的一些豪门贵族祸害百姓，他们利用“每十年一编黄册，审赋役”的漏洞，跨越乡里大量买卖土地，并逃避税收。而全县应收的田赋是不会减少的，豪门逃掉的税赋最终还是要由其他贫穷的百姓来分担。林应麒到任后的第一件事情就是核对田册、户口，收押审查那些不法豪门贵族，从而赢得了当地百姓的爱戴。

不过，林应麒耿直清高的性格也容易得罪上级官员。在他任吴江知县期间，巡察江苏的御史苟汝安抵达吴江，当时林应麒也按照惯例前去拜见，不过苟汝安态度比较傲慢，只是端坐在堂上不予理会。于是，林应麒也就长揖而出，让苟汝安非常不满。受到林应麒惩治的豪绅们乘机进行离间，罗列了林应麒种种罪名，投书到苟汝安这里。其间，时任太常的李莆石曾写信告诉林应麒，苟汝安回京后大发脾气，恐会对其不利，建议林应麒向苟汝安请罪。但林应麒认为自己没有过错，不愿卑颜屈膝认错。果然，时过不久，他就遭到了苟汝安的弹劾。苟汝安声称，林应麒在吴江因不顾人命而激起民变。世宗大怒，要求吏部彻查。为此，曾征询州、县官员一十八名，先后询问多达三十多次，历时五年之久才结案。明嘉靖十九年（1540），林应麒被降职为吴江文学教授。

主政惠州，赞誉斐然

同年，林应麒升任六安州判官，到任后不久，又升迁为国子监助教。嘉靖二十六年（1547），他被调到山东任泰安判官。嘉靖二十七年（1548），因山东抚都御史彭黯的举荐，林应麒调任金溪县知县；嘉靖二十八年（1549），其因廉洁能干，升任云南提举，随即又升任惠州府同知。

当年惠州知府空缺，林应麒竭力主政惠州。他曾经殚精竭虑为民生，微服私访听冤狱，呕心沥血办书院，在惠州时间只有两年多一点，但政绩卓著，赞誉斐然。林应麒嫉恶如仇，清正廉洁，办事干脆利索，“竟日听讼，剖枉伸直，迎刃而解”。他在惠州兴修水利，身体力行，与民同甘共苦。离任之后，当地百姓在河边为他立庙纪念。

为民除弊，得罪严嵩

嘉靖三十一年（1552）九月，因为其母王氏病故，林应麒星夜奔丧回仙居。等到服丧期满，欲再度赴任时，被江西巡按御史萧端蒙弹劾，即被贬职回到仙居老家。这一次被弹劾，又是因为林应麒耿直不羁的性格，得罪了权相严嵩。

严嵩是江西分宜人，从嘉靖二十三年到三十五年（1544—1556）的十多年时间内，严嵩先后在宜春、分宜两县捐金建桥，事实上却是玩花架子沽名钓誉。宜春秀江上的广泽桥、下浦的广润桥，分宜清源河上的万年桥，共花三四万两银子，名义上是严嵩严世蕃父子捐赠，实际上都是当地官府向百姓摊派，老百姓怨声载道，还得再花重金为严嵩建馈赠牌坊。林应麒任金溪县令时，为副使郑世威起草撰写《革除馈赠牌坊》文，呼吁革除馈赠牌坊陋习，文中列举分宜、进贤两县耗费六千余金用于馈送牌坊的例子。“鲠直之言”尖锐犀利，慷慨激昂，被广为传颂。此事深深地得罪了当朝首辅严嵩和严嵩的心腹吏部尚书万镗，他们暗示巡按江西的御史萧端蒙去抓林应麒的小辫子。

林应麒在广东惠州主政期间，有案子涉及萧端蒙的亲戚，当时萧正好回潮州病休，耿直的林应麒毫不避讳，即着手调查起萧端蒙自身有否插手亲戚不法事端。萧端蒙对此耿耿于怀，出任江西巡按后，指派下属调查林应麒的问题材料。萧端蒙后来上书，在没有真实依据的情况下，称林应麒当年在副使郑世威议减馈送牌坊一事中，将进贤、分宜两县六千两银子纳为己有，弹劾林应麒贪污受贿，沽名钓誉。此事正合了严嵩意图。世宗大为恼火，当即罢免了林应麒。

建功江西，获赐牌坊

嘉靖三十二年（1553），林应麒被起复任命为江南巡按，巡察江南民生大事。适逢江西匪患严重，生灵涂炭，民不聊生。林应麒将江西地方官府串通盗匪祸害百姓之事写成奏本，连上四疏给朝廷。不久世宗任命林应麒为江西道监察御史。林应麒督促州县合力剿匪，历经两年整治，江西匪患得以彻底清剿。为表彰林应麒的功绩，世宗钦赐“恩荣”牌坊一座，即是林应麒功德牌坊。该坊为四柱三间楼阁式牌坊，白石质，二层楼，歇山顶，通面宽 11.46 米，进深 2.9 米，高 10.5 米，气势雄伟，气象庄严。明间额枋正面阳刻“攀龙鳞”三字，背面阴刻“附凤翼”三字，额枋上的高浮雕内容丰富，有人物、龙凤、走兽、禽鱼等，线条粗犷，风格雄浑，刻工精湛，各种形象生动逼真、栩栩如生，令人惊叹不止。

万历十一年（1583）五月二十九日，林应麒病故于家，享年七十八岁。

林应麒功德牌坊位于仙居县福应街道断桥上宅村，建于明代中期，2019 年 10 月被国务院核定并公布为第八批全国重点文物保护单位。

洗面井以“廉”洗面

林应麒老家后门有块巨石，状如乳牛。巨石有岩缝，缝里出泉水，长年不枯，人称之为“洗面井”。邻人认为这是龙眼，方圆十里风水尽垂于此。在林应麒考取进士之后、启程之前，父亲林谦将他叫到洗面井前，让其照照面容，并语重心长地告诫儿子：“做官为百姓，自古贪官最可恶，做得廉官，祖上烧了高香。”林应麒在仕途上一路慎行，牢记其父在洗面井前的教诲，事事处处以“廉”洗面。史料记载他任金溪知县时“与物不染”，任惠州府同知时“以廉干闻”。

直言无忌 顾宏潞

方炳乾

传世家训：人臣事君，以忠为则。忘私忘家，奉公报国。何以立朝，昌言正色。

顾宏潞（1513—1575），字敬文，号剑湖，今仙居县下各镇怀仁村人。嘉靖二十五年（1546）丙午科举人，嘉靖二十九年（1550）庚戌登唐汝楫榜特科进士，历任行人司行人、刑科给事中、湖广按察副使，终广东参政。

因言贬谪，屯田安徽

宋时，乐安顾氏先祖顾本立从苏州迁徙到仙居，以悬壶济世。顾家仁心，贫穷人家出不起药钱，可以免费就医。后人缅怀顾氏的仁义，故将村名改成“怀仁”。怀仁村名寓怀念仁医之意，沿用至今，《仙居县志》《仙居地名志》均有记载。顾氏一族是当地的名门望族，历史上曾出过状元、御史，顾宏潞就是其中的一位佼佼者。

顾宏潞出生于怀仁村的顾氏家族，虽然家境贫寒，但是一直勤奋求学。顾宏潞十九岁时成为县学学生，此后数度赴乡试都无果，仍然力学不倦。嘉靖二十五年（1546），顾宏潞再度赴试，途经东杜时遭逢大雨，寄宿于东杜杜家。杜氏女遂与顾订下婚约，并赠以金帛作为路费。这一年，顾宏潞考中了举人。嗣后，嘉靖二十九年（1550），顾宏潞又荣登唐汝楫榜特科进士，被授予吏部行人司行人之职，时年三十八岁。

嘉靖三十年（1551），应大猷被擢为刑部尚书，应大猷执掌刑部期间，宽严有度，恩威并济，独立行使刑事审判权力，依法纠正了不少冤狱，并对枉法徇情者予以追诉加刑，以示公正。当时，严嵩、严世蕃父子把持朝政，结党营私，贪赃枉法。身为吏部行人司行人的顾宏潞，常去拜见比他年长二十六岁的刑部尚书应大猷。或许是受应大猷的影响，顾宏潞毫不留情上书弹劾严嵩、严世蕃父子权奸操纵朝政祸国殃民的事实。结果，顾宏潞被严嵩党羽排挤，被贬到朱元璋老家安徽凤阳下徐瞿象山开田。

伸救贤臣，遭贬为民

隆庆改元（1567），顾宏潞被重新召回朝廷，迁户科给事中、吏科给事中，寻授兵科给事中。当年的六部给事中，是皇帝亲自圈点、隶属都察院编额、直接为皇帝负责的监察御史，权重倾城。穆宗即位之后，顾宏潞从户科给事中旋转吏科给事中，再转兵科给事中，说明朝廷对顾宏潞这位监察官员的肯定。

当时户部尚书张守直秉公办事，不徇私情，故屡受小人弹劾，最后被降职任用。顾宏潞为之动容，直接上书给穆宗，坦言张守直刚方正直，厚重清俭，难能可贵。顾宏潞还列举了张守直在监修明显陵工程时，为朝廷节省下大批银两，官至户部尚书之职，为国理财十指无染。顾宏潞奏请皇帝亲贤臣远小人，否则，正气得不到弘扬，天下公道何在？然而，穆宗皇帝是一个“宽恕有余而刚明不足”的人，在他统治期间，内阁之间的权力斗争加剧，对顾宏潞的逆耳忠言，他全然听不进去，反倒将顾宏潞贬为平民。

后来，户部尚书张守直辞官还乡，闭门谢客。在挂冠归去时，驭马拉着敞篷大车，车上装载着简单的行李和衣物，没有一件昂贵的东西，在京城激起了强烈反响。以后朝廷屡次降旨起用，张守直托故不出，至此，皇帝才领悟到张守直、顾宏潞的耿耿忠心。后来，朝廷按照祖制为张守直办理了“致仕”手续，并将顾宏潞召回，授任刑科给事中。《光绪仙居县志》记载：顾宏潞“以申救张尚书谪编民”。

病故于任上，吴时来撰写墓志

顾宏潞的仕途人生也颇像吴时来，有过三起三落：他初任吏部行人与兵科给事中，履职言官，行监察之职。顾宏潞弹劾奸佞，申救贤臣，第一次获罪，被贬谪到朱元璋老家凤阳劳动改造两年之久；第二次为申救户部尚书张守直，结果自己反被削去官爵，谪为平民。顾宏潞毫无怨言，坦然面对。替天行道，为人申冤，这才是“台州式硬气”。花开花落，朝廷终于对顾宏潞有了正确认识，擢为广东参政（从三品）。按照明代职官设置体例，行省参政职位并非地方编额职官，属于差遣巡察官员。

隆庆二年（1568），顾宏潞赴任广东参政。当时广州周边官僚占地严重，许多朝廷命官的宅邸、私田私下扩编，逃避税赋，获利之后欺行霸市，民怨很大。明代《官律》规定，凡四品以上官员及其僚属不得经商，不得与民争利。顾宏潞经过明察暗访，针对社会敏感问题，按照上年实缴税赋，重新丈量贵门豪宅与良田，促使豪强补交了大量税收，退出了大量耕地，贫苦百姓拍手称好。但这同时也得罪了不少在京官员，顾宏潞本人屡遭弹劾，于万历二年（1574）致仕，回归故里。翌年病故于家，享年六十二岁。

顾宏潞家无余资，时人称颂他是两袖清风的廉官。朝廷念其功德，在顾宏潞的出生地怀仁建谏垣牌坊，以纪念这位监察官员。顾氏宗谱记载，顾宏潞与同邑都察院左都御史吴时来是眷亲，顾宏潞比吴时来年长十四岁，考取进士比吴时来先一科。吴时来仕途如日中天时，顾宏潞已经回归田园。二人同朝为官，正气凛然，又同仇敌忾，可谓是志同道合，共斗权奸。吴时来在京城闻悉顾宏潞去世，极为悲恸，亲自为顾宏潞撰写墓志。清代才子陈省三仰慕顾宏潞清廉，题怀仁顾氏祠堂：

有开必有先，前九世，后八房，如春气之发生，当思水源木本。
无承则无启，宋状元，明御史，以秋官而绍族，更羡桂馥兰馨。

台州顾氏家风馆，位于仙居县下各镇。

延伸阅读一

顾氏宗祠大殿柱联

仙居县下各镇怀仁的顾氏宗祠，地处核心，先贤名列，雕梁画栋。每逢清明节祭祖，四方顾氏相聚言欢于此，敬仰先贤，激励后辈，顾氏宗祠成为传播正能量的场所，已被列为县级重点文物保护单位。大殿柱子上撰联：“以医技普济众生，世人称之，初常府，再婺州，转徙赤城乐邑，聚族于斯曾播越；宋状元，明御史，递转吏部行人，钟灵当日果光辉。”其中“吏部行人”，指的就是担任过明代吏部行人司行人的顾宏潞。

延伸阅读二

题二烈女

顾宏潞

万死中惟见二娥，乾坤正气得偏多。
贞心不许微尘染，劲节宁甘白刃过。
魂委碧波精尚烈，义寒夷胆气还呵。

激浊扬清 吴廉

方炳乾

传世家训：常自检点，不为事物所动，此诚治心之要。

吴廉（生卒年不详），字介夫，号牛田。仙居西乡寺园（今仙居县田市镇吴桥村附近，该村已于明末清初圮废）人，明正德二年（1507）考取举人，正德九年（1514）登甲戌唐皋榜进士，历任礼科给事中、户科给事中、四川左参议。

诗书传家，七岁善书

古代仙居，名人辈出，牌坊林立。在众多的牌坊之中，有一座牌坊叫作大谏议坊，这座牌坊不立在县城，而是立在西乡（今田市镇吴桥村一带），《万历仙居县志》记载，大谏议坊为给事中吴廉建。《光绪仙居县志》记载，这座曾经高耸入云、巍然肃立的大谏议坊已经圮废。据沿溪老人与建筑专家分析，是连年水灾、河流改变导致牌坊圮坍。很遗憾大谏议坊未能像断桥的攀龙附凤坊一样，历经五百年沧桑，依然挺拔，显示它不同凡响的身份。

《康熙仙居县志》记载，吴廉出身书香门第，曾祖父吴立远，乐善好施，为四乡八镇所尊；祖父吴文魁，以年高德劭著称于乡；父亲吴圭能，以孝廉举于乡村，德望高远；叔吴琼有文才，有功名。

吴廉自小聪敏颖特，对人彬彬有礼，长幼有序。读书目过五行，且久日不忘，七岁能握椽笔写榜书。吴廉书写的楹联曾惊动仙居城乡，许多老秀才为此专程赶到西乡吴桥看吴廉写的大字，啧啧称赞吴廉是个神童，将来能成为国家栋梁之材。

建明国是，纠正官邪

吴廉考取进士的当年，因为父亲吴圭能病故，即禀报吏部，居家守孝满三年，初授礼科给事中。明朝中后期给事中一般为从七品，主要职责是侍从、谏诤、补阙、拾遗及审核、封驳诏旨，驳正百司所上奏章，监察六部诸司，弹劾百官，与御史互为补充，品卑而权重。居谏官位，行谏官责，吴廉时时处处以国家大局为本，亢直敢言，就像一只啄木鸟一样，尽心尽责地为大明朝啄除害虫，向大明皇帝进忠言。

武定侯郭勋、寿宁侯张鹤龄二人恃功而骄，又因是皇亲国戚而得到武宗的宠信，朝中百官争相阿附。吴廉第一个站出来，上疏指斥两人骄奢淫逸，有失官体。

明武宗生性骄奢，又好大喜功，希望像太祖、成祖一样建立赫赫战功，在佞臣的怂恿下，他在西北建立行宫，并“亲征西北”。当时此事可急坏了当朝的大臣们，一批刚正廉洁的大臣联名上书请求。吴廉和其他官员一起“上疏恳留，跪午门外三日”，以死谏言。吴廉在奏章里直言：“陛下喜欢嬉戏游乐，往往不顾国家大计。前朝英宗皇帝御驾亲征瓦剌，惨败土木堡，连英宗也成了瓦剌的俘虏。前朝的教训过去不远，陛下应该速速返驾归京，以安民心，稳社稷。”

巡抚王某、陈某滥用职权，胆大妄为，吴廉上书指斥其非，建议予以罢免，并力荐林俊、王守仁两位官声卓著的官员接替巡抚之职。

光禄大夫冯卿发表激烈言论诋毁言官，吴廉上疏，指出当臣子的不应当肆言诋蔑，以伤国体。

明武宗没有儿子，也就不能立太子。到了正德末期，因为储君未立，很多皇族子弟就开始蠢蠢欲动，各怀异谋。吴廉为此忧心忡忡，夜不能寐。宁王朱宸濠派人给当时镇守江西的太监毕真送去重金，唆使毕真向武宗上表，恳请朝廷表彰宁王的孝行。宁王的目的是希望借进京接受表彰的机会，被召入太庙司香，争取储君之位，或者借机图谋不轨。礼部审核时，吴廉看出宁王的图谋，援引祖训将毕真的表奏驳回：“诏书会典，按惯例不得表荐藩王”，“据礼封还”。不久，朱宸濠果然起兵谋反，随后被朝廷击败伏法。喜欢热闹的明武宗又搞了次御驾南征，途中得知朱宸濠已被王守仁擒获，他非得让王守仁把朱宸濠放了，由他亲自再擒获一次过过瘾。武宗大驾还京，吴廉上言请武宗到郊外举行祭天大礼，并奖励功臣，处罚奸佞，罢免毕真江西镇守太监之职。

武宗去世后，世宗继位，改年号嘉靖。当时转任户科给事中的吴廉在给新皇帝上的第一份奏书中，提出四条建议：“正君心，开言路，时经筵，近儒臣。”世宗愉快地接受了他的谏言。吴廉乘机再上书，指出内侍官赖某、肖某是佞幸奸臣，请求立即除奸去恶。这一次，皇帝不予回应，留中不发。

吴廉正直敢言，毫无忌讳，因此其刚正之名满朝皆知，正直之士对他心怀敬意，而许多利益受损的权贵却对他怒目而视，恨之入骨。有一次朝廷命吴廉审核湖南、贵州的军饷，同时领命的两位御史都借故不去，让吴廉一个人去做这件得罪人的差事。吴廉也不在意，尽心尽责，公正处理。

不久，吴廉又转任礼科左给事中，于是那些忌惮他的权贵更加不安，终于找了个机会，让他出任四川左参议。参议是布政使的属官，从四品。从品级来说，是升官；从实际效果来说，吴廉远赴四川，被排挤出了京城，免得他在皇帝跟前成天提意见，搅得百官不得安生。

吴家清官，相戒无犯

吴廉一生清廉如水，分外之财一概不取。他曾奉诏巡视军营，当时很多军队将官都与当朝权贵沾亲带故，一贯飞扬跋扈，恣意妄为。吴廉到达军营之前，耿直廉洁的名声早已传到将官的耳朵里了，等到见到本人，只见这位给事中正气凛然，不怒自威，将官们个个都小心翼翼，服服帖帖地听候调遣，不敢有丝毫违逆。

吴廉到四川任职期间，“恤民隐，察吏治，正纪纲，明教化”，除害兴利，严惩祸害百姓的官员豪强，深受百姓拥护。不过由于他生性耿直，不愿随波逐流，阿附权贵，因而仕途坎坷，后来不顾朝廷挽留，三次上书，申请退休归养。回到仙居后，吴廉在城北建房安家，与亲友学生徜徉在碧水青山之间，读书咏诗，种菊赏松，歌风颂月，自得其乐。

吴廉晚年之时，正逢倭寇入侵。嘉靖三十一年（1552）五月，戚继光率部败倭寇于马鬃岭。第二年，倭寇再度侵掠安仁（今安岭）、板桥、厚仁、吴桥与怀仁等村。翌年，倭寇大掠浙东各地，六月仙居城破，倭寇杀烧抢掠，无恶不作，但到了吴廉家门前，却肃然起敬，相互告诫：“吴家清官，相戒无犯。”

事亲至孝，事友尽义

吴廉侍奉双亲，极尽孝道。当年父亲患病，吴廉一边在家苦读，等待参加科考，一边日夜在病床前端汤送药，衣不解带，卧不安寝。后来母亲病重时，吴廉在外当官，忙于公务，不能回到家里伺奉母亲，这是吴廉终生的愧疚。母亲去世后，吴廉呼天叩地，光着脚板亲扶棺柩，一路血迹斑斑。

嘉靖年间吴廉任四川左参议时，闻此前有一位忠于职守的监察御史戴仲伦，为了劝谏武宗皇帝专心政事，直指太监刘瑾祸国，败坏天子名声。刘瑾为此十分痛恨戴仲伦，不择手段加害。后来戴仲伦暴死京城，只留下孤儿寡母。吴廉得知情况后，倾其所有将戴仲伦安葬故里，并帮助置买田地以抚恤孤儿寡母。戴家人对此感恩戴德，朝廷官员无不钦佩，尤其是监察御史，交口称赞吴廉大德大义。吴廉自己却说："监察御史的苦衷，只有监察御史自己才能感受得到。"

吴氏祠堂遗迹。

耕读传家

尹彦

尹宇华

传世家训：盖行莫重于孝悌，心必存乎廉耻，可模可范，以身教之，耳提面命，以言教之。

传世家训：敬而遵之，循而行之，毋蹈非为。

尹彦（1525—1605），字明良，号过斋，今仙居县安岭乡上宅村人，明嘉靖三十四年（1555）举人，历任蒙城县令、应天府通判等职。

勤耕苦读，进入仕途

安岭尹氏于北宋时期由临海涌泉迁入，相传尹氏先祖沿着永安溪溯源而上，来到一都安仁（今安岭），“睹其山川环秀，竹木森严”，“乃相阴阳，乃观流泉，其地四山拱秀，一水西流，中间峰峦叠嶂，波流萦洄”，被此秀美、幽深的山水风光吸引，遂定居下来。安岭尹氏族人自此秉承着耕读传家的祖训，“家声丕振，书香远闻”，逐渐成为仙居一都的大族。

尹彦的父亲尹夫问略通文墨，脑子活络。尽管生活在偏僻的山里，却娶了县城东门大户人家王氏之女。由于夫妻俩勤俭持家，家境倒也殷实。嘉靖四年（1525），尹夫问长子尹彦出生，此后，尹夫问又连生四子。都说“仓廪实而知礼节”，尹夫问夫妻非常重视对五个儿子的培养。勤耕苦读，是尹夫问儿子们山里生活的真实写照。

嘉靖三十四年（1555），尹彦赴江南贡院参加三年一次的乡试，考中举人。尹彦品貌出众、成绩优异，被派往当时地近留都南京的南直隶属县蒙城担任县令。

恪尽职守，清正廉洁

蒙城是庄子的故乡，该地文化昌盛，但由于历史上水患严重，几乎每三年就会发生一次较大的水灾，所以经济凋敝，百姓生活困苦，官员贪污也时有发生。受“尚勤俭而厚民生”家训的浸润，任职蒙城期间，尹彦清正廉洁、勤政爱民、恪尽职守。他积极兴修水利治理水患，同时决讼断辟、劝农赈贫、讨猾除奸、兴养兴教。几年下来，蒙城出现了政治清明、经济繁荣、文化昌盛、百姓安居乐业的景象。尹彦也因此在南直隶的一众县令中崭露头角，升任应天府通判。

身为应天府通判，尹彦为官清正，名声在外，却也得罪了不少权贵。任职期间，尹彦曾多次被人诬告。所幸清者自清，这些诬告不仅没有损害尹彦形象，反而成全了他的清廉官声。

机谋善断，挽救人命

尹彦既有农民的淳朴敦厚坚韧，又有读书人的家国天下情怀。身为应天府通判，尹彦尽忠职守、清正廉洁，为人机谋善断。至今，仙居、缙云交界一带的尹氏子孙中还流传着尹彦“义救高畈十八条人命”的故事。

高畈，即今天的缙云县大源镇高畈村，当时还属于仙居二都。相传，有一年夏季，仙居、缙云交界一带久旱无雨，造成严重灾荒，“赤日炎炎似火烧，野田禾稻半枯焦”。为争夺仅有的水源，高畈村和附近的某大村发生争执，两村均派出精壮劳力，在这个大村附近展开械斗，双方各有伤亡。但对方买通官府，诬告高畈十八名壮丁“入舍抢劫”。入舍抢劫乃重罪，何况还有人员伤亡！于是十八人被判处斩刑。为了挽救这些蒙冤村民的生命，高畈村的族长带着状纸千里迢迢赶赴应天府。

尹彦调看卷宗，详细分析案情，终于发现其中端倪，原判的“入舍抢劫”罪名得以改判，十八条生命被救了下来。

忠厚传家，宁静淡泊

“朝为田舍郎，暮登天子堂”是古人改变自己命运的重要途径。尹彦父亲尹夫问崇尚“勤耕力读，忠厚传家”，教育有方，五个儿子个个成才。其中长子尹彦官至应天府通判，三子尹廉由岁贡担任东阳县教谕。其余三子或经营有道，或德高望重于乡里。尹夫问这一支脉不仅人丁兴旺，而且人才辈出，成为安岭尹氏一族最优秀的代表。现在，以尹夫问为始祖的上宅村还是安岭人口最多、规模最大的村之一。

从偏僻山乡走来的尹彦深知读书的重要，这不仅来自父亲尹夫问的谆谆教导，更是他自己人生经历的深切体验。尹彦非常注重三个儿子的教育，大儿子为太学生、二儿子为贡生、三儿子为太学生授照磨（古代官职，“照刷磨勘”的简称）；而在孙辈中，也出了六位读书人，其中长孙尹琭于顺治元年（1644）选贡考授知县。

尹彦身上兼有儒家的“入世”思想和道家的“出世”思想。宦游途中，尹彦尽管思念故园，但毕竟身不由己。他在给内弟的信中写道：“迢递关河隔，于今又两年。一官缘薄禄，孤枕不成眠。鸿雁飞偏远，池塘梦几悬。及瓜期欲转，棹破秣陵天。”而告老还乡之后的尹彦更多体现出道家的“出世”思想，由追求建功立业转向追求内心的宁静和淡泊。他在答谢从道山人时写下：

一从京兆赋归来，门锁松筠久不开。
有客闲寻明月夜，呼童携取菊花杯。
百年浪迹鸥先得，万里湖山雁早回。
为问当年同学者，烟蓑可许傲云台。

或许是安岭的山水特别养人，也或许是尹彦宁静淡泊的心态有益于养生，万历三十三年（1605 年）正月初三，尹彦安详去世，享年八十岁。都说人生七十古来稀，八十岁在当时算得上是相当高寿了。

尹彦出生地——仙居县安岭乡表门村。

安岭上宅村与缙云高畈村世代友好

明代，来自仙居县安岭上宅村的尹彦通判仗义勇为，挽救了高畈十八条人命。这一义举成为当地传奇，并在仙居、缙云两县交界地区代代相传。从此，安岭上宅村与缙云高畈村世代友好往来。高畈村村民感激救命之恩，在尹彦告老还乡时，盛情邀请他到高畈村卧虎山居住。此后，该山就成了尹氏后人的墓葬之地。

二十世纪六十年代中期开始，缙云县高畈村建有越剧团，每年春节，剧团都会组织送戏到上宅。1969 年至 1983 年，安岭公社建造石长坑水库。上宅村作为安岭大村之一，投工投粮的任务较重。粮食不够，上宅村向高畈村求援。那个时代，谁的日子都不宽裕，高畈村村民手里也没有多少余粮，但高畈村全村动员，不仅把自己仅有的余粮贡献出来，还向其他村求助，借粮食来支援上宅村。同样，高畈村没有耕牛，每逢春耕，上宅村也会赶了自己的牛去帮高畈村耕田。直到现在，每年清明节，上宅村村民去扫墓祭拜，高畈村村民都会热情招待。

耕读之风泽被后世

在安岭，“勤耕力读，忠厚传家”的祖训就在尹氏子孙中代代传承。而在上宅村，尹彦科举入仕的励志故事更是激励了无数的后人。“耕读之风，上宅尤盛”，时人曾如此评价。

清朝初年，上宅村有一位贡生个人出资兴办私塾，供族内子弟免费就读，其成为安岭松坡书院的前身。康熙年间，从上宅村走出去的太学生尹承宗在破败的尹氏私塾基础上重建学堂，因为建在松坡亭，故名松坡书院。此后，松坡书院屡次荒废，又几经重建。安岭尹氏子孙的读书之风，就如那屡次破败又屡次重建的松坡书院一样，生生不息。

仙居籍的南京社科院副教授、社会学博士朱考金曾如此分析安岭人才培养的特有现象：“与仙居其他同类山区乡相比，安岭通过读书走向外面世界的人特别多。这一方面是相对偏僻闭塞的地理环境，使人具有想要改变命运的原始冲动，因而更加发愤图强；另一方面，就是安岭尹氏代代相传的读书之风，使得他们改变命运的愿望有了实现的可能……”

左都御史吴时来

方炳乾

传世家训：第权奸不除，何以报朝廷。

传世家训：吾闻士始入官，持法平则往往见，谓不及其苛于治狱，深文而巧诋者，众以为才，然其仁与暴则有间矣，吾愿儿为彼勿为此。

吴时来（1527—1590），字惟修，号悟斋，今仙居县白塔镇厚仁村人，明嘉靖三十二年（1553）进士，历任松江府推官、刑科给事中、广西横州兵备、工科给事中、顺天府丞、南京右佥都御史、广东佥都御史、云南副使、湖广副使、左通政使、大理寺卿、刑部侍郎、吏部侍郎，以都察院左都御史致仕，故民间尊称“吴都堂”。

景星岩上，励志苦读

吴时来祖父吴荣赞，父吴炳台，世代种田，耕读传家。吴时来十岁能诗文，有神童之称。一次野火烧山，其父吟曰“半块火可烧千仞山”，吴时来接咏道“一粒谷能种万顷田”。

嘉靖二十八年（1549），二十三岁的吴时来与其堂叔吴炳庶一起赴杭州秋闱中试，叔侄双双考取了举人。翌年春季亦共赴京城会试，堂叔吴炳庶考取了进士，吴时来榜上无名。他落榜不落志，独自登上景星岩，择幽静岩穴建读书堂，昼夜苦读。读书劳累时咳出的血喷洒四壁，其父前往探视时，发现四壁皆是血痕，放声大哭道：“吾儿呕出心肝矣！”并力劝他下山回家，而吴时来矢志不渝。

翌年端午节，父亲送粽子上山，吴时来扒开粽叶，伸手蘸调料，结果蘸在砚台墨水里，也津津有味地吃起来。父亲看着儿子满嘴涂鸦，端来一脸盆清水让他一照，父子二人哈哈大笑。吴时来在读书堂苦读二载，任凭严寒酷暑，均不下景星岩。

松江任职，初显才干

明嘉靖三十二年（1553），吴时来登陈谨榜进士，排第一百一十六名，三甲赐同进士出身。是年，吴时来被授予松江府（今上海西南一带）推官（正七品）的职务，协助松江知府执掌刑律判案和税务收支审计。

赴任之前，父亲吴炳台语重心长地告诫吴时来道：“吾闻士始入官，持法平则往往见，谓不及其苛于治狱，深文而巧诋者，众以为才，然其仁与暴则有间矣，吾愿儿为彼勿为此。”吴时来的父亲凭着多年的处世经验，认为刚入仕途的官员，公正处事是起码常识，难就难在如何明辨花言巧语，去伪存真。他生怕吴时来刚步入官场就明哲保身，落入世俗，教诫他善恶分明，恩泽于民。

翌年，倭寇大举侵犯松江。百姓纷纷逃向松江城下，倭寇则在后狂追滥杀，松江府同僚与城内市民均要求关闭城门，以免遭屠城之灾。吴时来不顾左右群僚反对，大义凛然道：“难道城外的难民不是我们血肉同胞？

要死大家一起死，天大责任我来担当！”吴时来秉志不回的民族大义深深地打动了松江知府以及所有守城将士。于是，松江府敞开城门，让一万多避难乡民入城。此时，松江城内多外地前来协防的军队，外地军士犷悍，喜欢剽掠，吴时来以恩义结交其首领，严肃军纪，有犯法者随即予以处罚，防止了军队的哗变。同时，他还组织城内的军民对因倭寇攻击和暴雨浇淋而倾颓的城墙及时进行修补，并以精良的骑兵扼守要冲。这些举措在关键时刻发挥了重大作用，使得松江城固若金汤，倭寇屡攻不克，只得放弃攻城而离开。

吴时来此次抗倭尽获全胜，威震江南，大名远播，声闻朝野。获救的“万余难民，安然无恙”，自发在松江府建起吴公祠，以志纪念。

弹劾严嵩，命悬一线

松江府抗倭大捷不久，吴时来调任刑科给事中，生平第一次成为言官，履行监察官职责。

嘉靖三十五年（1556），严嵩把持朝政，结党营私，朝野上下怨声载道。北方少数民族犯中原，而边关守备荒疏，长官克扣军饷，以致“兵卒冻馁，朝不保夕”，形势危若累卵。为此，吴时来上疏弹劾兵部尚书许论、宣大总督杨顺、巡按御史路楷，结果许被罢官，杨、路下狱。此三人都是严党羽翼，吴时来剪其羽翼，严嵩父子恨之入骨。适逢朝廷要遣使琉球（今日本冲绳），严嵩党羽便推荐吴时来出使。吴时来受命后慷慨陈词：“男儿死当葬身鱼腹中，此何足辞，第权奸不除，何以报朝廷。”最后一句是说，但是权奸不除掉的话，拿什么来报效朝廷？慷慨激昂之语直接表明他自己的志向。

嘉靖三十七年（1558）三月，吴时来与董传策、张翀三人分别上书弹劾严嵩。吴时来奏本《乞察奸邪疏》引经据典，列举大量事实弹劾权奸把持朝政、贪赃枉法、祸国殃民的滔天大罪，坦陈“若不去嵩父子，陛下虽宵旰忧劳，边事终不可为也”，即假如不铲除严嵩、严世蕃父子奸党，尽管陛下夜以继日，以身作则，勤政爱民，励精图治，但边疆海域永远难以安宁。明世宗朱厚熜见疏，龙颜不悦，“留中三日不行”。严嵩党羽对吴时来的上疏耿耿于怀，指使同僚以“不愿出使琉球，挑拨君臣关系，犯上作乱”为由上疏参奏，将吴时来打入大牢。

在大牢中，负责讯问的锦衣卫意欲通过吴时来的口供，挖出策动弹劾严嵩的幕后主使。吴时来铁骨铮铮地回答：“祖宗立言官为锄奸，此是主使。”锦衣卫再次讯问，吴时来则回答说：“孔子教人臣事君以忠，此是主使。”为此，锦衣卫大怒，用尽各类刑具逼供，吴时来被折磨得体无完肤，以至无法再用刑。第三次讯问时，吴时来几次被打得气绝如缕，但仍然坚持原先的供词。明世宗听闻讯问的结果后觉得奇特，遂下诏免死，将吴时来贬谪为广西横州兵备。

躬身文教，化育横州

嘉靖三十七年（1558），吴时来谪戍广西横州（今横县）。当地官绅阶层及地方贤达纷纷登门拜访，对他恭敬有加。吴时来在横州淡然无怨，闲读群书，钻研《易经》，朝夕讲学，培养人才。

在空余时间，吴时来四处考察地理，访问民俗。他很快了解到，横州的农民自古以来就种植水稻。这里水系发达，气候炎热，低洼平地划分田块、挖筑土埂蓄水以后，非常适合水稻生长。但是以朗宁（当时邕州的代称，沿袭唐称）为界线东西划分，以西以北方向水位低下，石山拔地而起，土坡地带资源丰富却不便引水造田，而且由于人口稀少，许多土地荒芜，十分可惜。

如何开化边地成了吴时来日思夜想的问题。经过考察，他发现当地农业生产力低下是因为劳动人口少、生产技术差，而技术差是因为文化落后，无法接受先进技术，人口少是因为粮食不充足，粮食不充足的根源在于品种单一，品种单一是因为农业知识和技术缺乏。

吴时来从自己家乡引进小麦，赠送种子之余，教会了当地乡亲如何播种。过了几年，附近的人家都种上了小麦，迎来了丰收好年景，春季稻米青黄不接的状况终于得到缓解。许多农户开始学吃面食，他们跟吴时来学习编制蒸笼，制作馒头，来自北方的士兵终于吃到了久违的家乡食物。

古人云："仓廪实而知礼节，衣食足而知荣辱。"吴时来在帮助横州当地百姓解决温饱问题的同时，进一步思考如何帮助边疆百姓学习先进的文化知识，从根本上摆脱贫困。

吴时来发出招生启事，联合当地官员，选拔聪敏的少年入门读书练字，学经修习。许多好学子弟和贫寒人家的孩子踊跃报名。为帮助他们读书，吴时来在乌石岭自己住处附近建造了一栋书院，取名乌石书院，自任主讲。吴时来申请官府的帮助，自费在鹤斗、平朗、六哨等村购置田地，出租给当地人种粮食，每年可收租谷、粮米二百七十五石多。交得起学费的学子，交多少算多少；交不起的，免费就读，还贴中饭。耕读的风气在横州逐渐普及，吴时来身体力行朝夕讲学，门下学子慢慢多了起来。嘉靖四十一年（1562）初秋，乌石书院诸多门生准备出发前往省城参加秋试，临行前吴时来将自己落榜失意的亲身经历告诉全体学子，勉励他们：读书人的志向，是要学习和发扬文化道义，做了官则兼济天下，造福众生；作为男儿，要见义勇为，尽忠报国。

吴时来在横州读书讲学，为横州培养人才，这些人才促进了当地文化、经济的发展，横州一时人才初露，文化逐渐繁荣。横州百姓自发为吴时来立庙设祠，以志纪念。2016 年，南宁市纪委以《躬身为民，初心不改》一文，将吴时来谪戍横州期间体察民苦、体恤民情、为民谋利、改善民生的务实朴素精神，作为纪委监察干部与全体党员教育的素材，认为吴时来配享范仲淹在《岳阳楼记》中"居庙堂之高则忧其民，处江湖之远则忧其君。是进亦忧，退亦忧"之言，称赞吴时来"心怀天下、情系百姓，被贬横州期间，更是身体力行推动当地经济文化发展，促使耕读之风在当地盛行。他在广西横州留下的业绩，至今仍为人所传颂”。

官复原职，旋遭外迁

嘉靖四十五年（1566）十二月，明世宗驾崩，裕王朱载垕即位为明穆宗，次年改元隆庆。穆宗即位后，奉行明世宗的遗诏，征召直言敢谏之臣，吴时来在首批被召用之列。隆庆元年（1567），谪戍横州十年的吴时来回京，官复原职，任工科给事中。

其时，恰逢张居正以裕王旧臣的身份擢为吏部左侍郎兼东阁大学士，进入内阁，参与朝政；同年四月，又改任礼部尚书、武英殿大学士，成了当朝红人。张居正较为看好吴时来，在吴时来刚刚抵达京城之时，便秘密派遣门客前往迎接，并示以举荐提拔的意思。吴时来对此却很不以为然，等到前往拜访张居正时，竟然因为言语不合而作别。虽然张居正曾在事后再度写信给吴时来，表达自己求贤若渴之意，但双方还是出现了嫌隙。在其后的朝堂上，吴时来数陈时政，指斥权奸，其所上疏的《保泰九札》《安边》诸奏折，也大多不合张居正之意。于是，张居正便利用兵备官员推举中吴时来与吏部尚书意见不一的矛盾，让吴时来转任顺天府丞，其目的是令吴时来在朝堂上不能再有所建言。

吴时来转任顺天府丞期间仍然得罪了不少权贵。先是在皇帝祭拜皇陵活动中裁革了顺天府开支。按照以往的惯例，皇帝祭拜皇陵，朝廷各部门的花费一应由顺天府出资，吴时来上奏予以裁革，改为由各部门自行负责。接着是取消了皇帝祭春活动中的“红包”，引发了众多内侍官员的不满。这一天，春祭朝贺完毕，有受皇帝宠幸的宦官大呼吴时来上堂，意图在朝廷上侮辱吴时来。张居正也在旁边为吴时来捏了把汗，便催促他上堂。吴时来断然拒绝，并说道：“朝贺之事已经结束，两班大臣皆已散走，这不是皇帝的命令，怎么能上堂？”于是，张居正让治中上堂，那宦官因为所对不是吴时来，斥责其下去。事后，吴时来从朝堂出来时，张居正和其他文武百官个个大惊失色，举着颤颤发抖的手说道：“随机应变，风骨屹立，没有人能比得上吴时来。”不过，此事件之后，因为那位宦官的势力强大，张居正得到示意，将吴时来外放至南京任操江佥都御史。

提督南京，操江万里

明代以南京为根本重地，“专设操江都御史，与勋臣一人同领其事”。操江，明代官名，全称提督操江，以副佥都御史为之，领上、下江防之事。

南京提督操江一职，实际上是中央政府特派南京巡按，监督南京操江，总揽南京与长江流域的水陆军政大权。是年，上至九江下至南通，长江流域水灾严重，民不聊生，许多堤坝决口；再者，当时广东、福建沿海倭寇仍未平定，发生水战，往往失利。吴时来担任南京操江佥都御史，虽然说是带有外迁之意，但事实上恰恰是人尽其才。

吴时来在入仕之前对于操江就积累了丰富的知识。他在县试之后，曾拜师台州郡守陈尧，寄读在临海操江陈老先生家中，深得陈老先生的厚待。然而，小小年纪的吴时来却常常向陈老先生请教关于“江河湖海民之防涝抗灾，兵事抵御外侵等操江之事”。陈老先生起初不当一回事，被问多了问久了之后，才惊异问道：“小秀才，究心操江之事，何迂乎？”意为你吴时来小小年纪，穷问操江之事，真是高谈阔论。吴时来说：“范老亦秀才耳，操江行将为吾事，汝何尤也。”为了说服陈老先生，吴时来引经据典，抬出当年范仲淹考取秀才之后，潜心钻研操江，到后来终于肩负为国操江的重任之事。陈老先生终于明白吴时来心事，歇手之际，常向吴时来传授江河防范知识，使得吴时来终身得益。

吴时来抵达南京后的第一件事是弹劾了权贵李芳。当时，李芳凭恃宠幸横行霸道，吴时来到任后上奏弹劾，免去其职务，使得南京城内一时间风纪肃然。接着，吴时来又开始了兵务改革。他率先裁减了家兵，并认为水、陆两兵，陆兵强悍难以驾驭，遂大刀阔斧予以裁减，每年为地方节省数万两白银的开支。其次，是对兵饷转运、开支进行了改革。当时，淮阳等地押解的军饷，押解者往往监守自盗，辗转克扣。吴时来对此倡议各防区对自身开支进行申报，审计开支，解决了押解的弊端和冒领军饷的问题。其后，吴时来又致力于江防建设。他躬身俯首，亲临一线，动用数十万民工与数万余名江防兵员，协同奋战，高筑堤坝，合理设计军民两用闸门，便利了军务、通商的往来。

隆庆三年（1569），吴时来将长江流域的水利排涝与水陆兼防文献汇编为《江防考》，共计六卷，详陈上自九江，下抵苏、松、通、泰等州县的水陆军事防御布局。吴时来履职操江轰动朝廷，深得明穆宗赏识。《江防考》是古今长江主流军事防御的百科全书，成为明清时期操江水官必读兵书，后入《四库全书》，民国时期仍被编入黄埔军校学员阅览提纲。

得罪高拱，归家闲住

高拱是明代著名宰相，河南新郑人。当年内阁首辅严嵩、次辅徐阶正互相倾轧，抵牾日著，高拱泰然往返于二人之间，未见有所厚薄。在严嵩、徐阶相与推荐下，嘉靖三十七年（1558），高拱迁为翰林侍讲学士，可见高拱为人处世城府很深。但时隔不久，因为政事异见，高拱与徐阶反目成仇，竟至相互攻讦，高拱被徐阶门生胡应嘉、欧阳一敬连连弹劾，无奈被逼退回老家闲居。

高拱在闲居故里的日子里，煞费心机盘算找一个声望极高的监察御史，向穆宗皇帝朱载垕奏上一本，以便自己东山再起。久经策划，他认为吴时来当时是天下第一言官，便托人找到吴时来门下，游说利害得失，言明政治态度：朝廷上下均已沟通成局，不日将官复原职，并入内阁首辅，万事俱备，只欠东风，要求吴时来发声，上书皇帝为自己美言。

吴时来与高拱没有什么过节，但与徐阶有缘。徐阶是松江府人，十分赏识吴时来在松江抗倭中表现出的民族大义大节，让吴时来成为自己的门生。高拱与徐阶反眼不识，吴时来决不做双面小人。于是，吴时来断然拒绝，高拱由此对吴时来怀恨在心。

不久，高拱复出掌管吏部。因为之前的嫌隙，他秘密派人到南京调查吴时来的情况，但没有查到什么有用的东西。于是，高拱将吴时来转调至广东任佥都御史；接着又唆使其门生光懋弹劾吴时来滥用职权，提拔亲信五十九人，旋即将吴时来降职为云南按察副使；最后，高拱又让门生韩楫弹劾吴时来征收钱粮超出期限，将吴时来落职回家。

任左都御史，建功立业

高拱对吴时来素有私见，小题大做把他踢出宫门，在家赋闲十六年。年届五十六岁的吴时来这匹千里马，蛰伏老家已是白发悲秋。万历六年（1578）高拱病故，越四年（1582）张居正亦去世。明神宗下诏追夺张居正的封赠和谥号，还查抄张家。同年，与吴时来同科登进士第的张四维入阁任首辅，累官加至少师、吏部尚书、中极殿大学士。张四维见怨恨张居正的人甚多，决定宽大从事，安定人心，遂趁神宗得子之际，劝皇帝放宽政策，荡涤繁苛，施惠天下，并使受张居正排挤或罢官的重要人物复职。加上接替张四维的首辅申时行做吏部尚书时就看好忠谏直臣，吴时来第三次被召回。

万历十一年（1583）吴时来被召回复官，次年任湖广按察副使，旋升任刑、吏二部侍郎。万历十五年（1587），吴时来擢官都察院左都御史。在任都察院左都御史期间，吴时来制定监察章制、巡察体制、安察定例、佥事巡制等，形成前所未有的上下联动、互相牵制的立体监督。为此，神宗对吴时来“三载考成，重荷圣恩，褒封三世，加赐羊酒花币，眷宠优渥”。

吴时来人生颇为传奇，三起三落。第一次直谏弹劾宰辅严嵩，充军广西横州十年。第二次遭宰相高拱门生光懋、韩楫肆意弹劾，落职闲居十六年。第三次是任都察院左都御史三年多中，在查办贪腐官员之时，屡屡得罪同僚，许多言官受人之托，将小事放大开始弹劾吴时来。史载："弱体不支，思归如驶，意在天姥山中，所苦不可得。已矣乎，已矣乎，公之不起，其鞠躬尽瘁而后已乎，前言愿弗忘也。"

《明史・吴时来传》记载吴时来"未出都，卒"。万历十八年（1590），吴时来病死于任上，谥号"忠恪"，棺柩运回仙居，坟墓在横溪镇大林村门前山。

吴时来墓。

官多取一斤，则人生覆舟

吴时来从小受到良好的教育，博学多才，得到了时任台州郡守的陈尧的赏识。陈尧格外怜惜吴时来，爱之如子，收为入室弟子，亲自督学。

吴时来入仕之前赴京科考，途经南京江北长芦古镇，正好恩师陈尧调任南京一带，长芦即是陈尧辖区。吴时来绕船靠岸，以礼拜见久别的恩师，陈尧送给吴时来十两银子，以尽师礼。吴时来舟行江心，忽起大风，浊浪排空，樯倾船覆。吴时来跌入水中，生死悬于一线，好不容易被人救起。经历了这场九死一生的翻船之难，吴时来不但没有吓到，反倒侃侃乐道："多此十金，则没舟耳！"之后吴时来逢人便说：人生如舟，轻身自如，不该得到的东西多得一点，人生之舟就会船翻人亡。这件事让吴时来刻骨铭心，每时每刻都向自己敲响警钟，直到终老：为官莫贪，不属于自己的，多一斤，有违天意，人生之舟就会翻船。

吴时来在松江府任推官期间，声望极高。数以万计的难民对吴时来感激涕零，许多难民将家传宝物真心相赠，吴时来却不染指。时隔二十年之后，首辅徐阶点评吴时来道："廉而恕，松之人至今怀之。"

在谪戍广西横州期间，为帮助当地农家子弟读书，吴时来在乌石岭自己住处附近建造了一栋书院，购置学田、坡地，这当属于吴时来个人财产。吴时来官复原职，动身回京前夕，召集他的二十三名学子，把房舍和田地交给他们，自己分文不取，嘱咐他们好好照管，莫荒废学业。他回归故里时，亦"囊橐萧然，居无完屋，督耕瘠田数十亩，葛巾布衣，恂恂一书生耳"。

“宵旰忧劳”成语出处

吴时来的《乞察奸邪疏》成为流传千古之檄文，并载入《明史》。吴时来在《乞察奸邪疏》奏折中，巧用笔墨将“宵衣旰食”“忧心如焚”“劳苦劳碌”等词语精巧组合成“宵旰忧劳”，用以比喻皇上殚精竭虑，勤民听政，异常劳苦。当代已将“宵旰忧劳”收入各类成语词典，形容为处理国事而辛勤地工作，多用以称颂帝王勤于政事。

除暴安良应朝卿

方炳乾

应朝卿（1559—1608），字行叔，号兰皋，今仙居县下各镇下各村人，万历十七年（1589）己丑科进士及第，先后任福建建安、晋江县令，政绩卓著。历任山西监察御史、贵州巡按御史、两淮巡盐御史、湖广巡按御史、湖广按察司副使。

神童棋手，少年秀才

应朝卿的祖父应大猷官至刑部尚书，父亲应存素系应大猷第六子，举人出身，官江西婺源训导，以孝传名。应朝卿是应存素次子，他自幼受祖父的影响，聪敏好学，五岁能下象棋，六岁能与大人对弈，八岁可与高手对决。据说在一次与高手对决中途，对方因故临时离席，过了一个时辰回来，只见应朝卿已经收起棋子。见对方兴致勃勃，为了不让人扫兴，应朝卿搬来桌椅，迅速将原来的棋局复原，且一子不差。此事传开，四乡八镇的人都认为应朝卿聪敏善记，将来定有作为。他十三岁就参加府试，为当时台州知府张侗初所称奇赏识，万历十六年（1588）与堂兄弟应汝化联捷考取举人。翌年赴京科考，登进士第。

两任县令，躬身为民口碑好

应朝卿考取进士正是而立之年，初授建安（今福建建瓯）令。应朝卿从小受祖父应大猷熏陶，做官为民理念根基牢固，县志载其任职期间“恺悌明敏，多善政”，在吏部组织的任期考核中，他的政绩名列前茅，不久转至晋江（今属福建）任县令。晋江山川毓秀，人文荟萃，素有“声华文物、雄称海内”“海滨邹鲁”之美誉，当年虽为县，但人口与税赋相当于一个府。在晋江做县令，应朝卿日理万机，清正廉洁，《台州府志》载，其离任之日，百姓歌之曰：“我有蟊贼，侯则息之；我有井邱，侯则殖之。”意指应朝卿做县令铁腕创安，能平息奸盗，给大家带来和平安乐的日子，民可休养生息。又歌：“乌将雏，吏毕逋，悬冰壶，乐华胥。”意指应朝卿为官清廉，胥吏也不来骚扰，百姓自由自在，老少安居乐业。

巡察山西，抄家怙恶僚属

应朝卿在福建建安、晋江两地做县令，合计不过五年。不久，被擢升都察院监察御史，其间曾多次奉命巡按各地。每至一处，他均以“肃官邪、轸民瘼”为首事。如巡按山西时，当时南城有位在皇宫任内侍的太监的僚属，仗恃家主在朝红顶，怙恶不悛，欺行霸市，巧取豪夺，日进斗金，“其势灼天”。见应朝卿到此，受害人告状叠叠而来。应朝卿明察暗访，察其内情，掌握了大量罪证，急急上疏朝廷，摆明真相，对其实施抄家，挖地三尺，查出一个大贪官，将其所有不法资产上缴国库。此案震惊朝野，应朝卿深得褒奖。

江苏有“廉官庙”，就是纪念应朝卿

应朝卿的官场履历中有段巡按贵州的经历。应朝卿在巡按贵州期间，始终坚守以民为本的底线，“轸民瘼为事”，走贫问苦，一路正风肃纪，“以肃官邪”，纠正了不少官场不正之风，社会风气明显好转。

万历二十七年（1599）应朝卿受命担任两淮巡盐御史。我国历代实行食盐国家专卖，今江苏省长江以北淮南、淮北的大部地区，是南北交通枢纽，史称“两淮”。全国食盐赋税有“两淮半天下”之称。显而易见，两淮盐市弊政较他处倍多。应朝卿未到之前，盐商们早闻他为人正派，处事干练，是朝廷宠臣。盐商协会头目按照惯例，拜见巡盐御史并献上“二十四万”银票，希望应朝卿笑纳。应朝卿严厉拒绝，并且申明朝廷御史敢于担当，惩治贪腐，维护公平正义的决心。应朝卿雷厉风行，梳理了盐市秩序，公布中央政府对盐市的开明政策，要求公平交易，阳光操作，两淮盐市出现空前景气。盐商们从来未见像应朝卿这样的廉官，无不感恩戴德，便在盐市建了一座庙宇，造像起名“应公大帝”，每日开市之前，都将应朝卿造像抹得干干净净，意为巡盐御史应朝卿一尘不染。史载应朝卿两淮巡盐“湔剔殆尽，商困得以少苏。往例，商人多引派（盐税计量单位）为新御史贽见钱，约二十四万有奇。朝卿腋却不受。商人怀其恩，立祠祀之”。可见应朝卿为官巡察九州，待人接物，“正风骨，悬冰壶”，一路清风，十指无染，青天可鉴。

两次上疏，提请铲除矿监、税监之祸

明神宗朱翊钧为满足自己腐朽奢侈的生活，从万历二十四年（1596）开始，派出大批心腹宦官到全国各地充当矿监、税监。这些矿监名为监督开采，收取矿税，实则讹诈勒索，无所不为。税监则在城镇和水陆交通沿线到处设关卡，“层关叠征”。特别是湖广税监陈奉，不仅在长江沿岸设立重重关卡，拦江截税，“假清查为名，立关于小池口，每盐船骗取银五两，共船六百余，得银三千余两；又引勒要银七分，另纳奉一千四百两，后又加税二千五百两”，中饱私囊，祸国殃民，甚至光天化日之下抢劫商人的金钱、货物等，以致民愤震天。矿监、税监的“纵横绎骚，吸髓饮血”，使“天下萧然，生灵涂炭”，当时的工商业发展受到严重摧残，造成了历史上有名的“矿税之祸”。

应朝卿身为监察御史巡按贵州，目睹了“矿监”的弊政，经历了两淮巡盐，看到了“税监”的危害。这个被称为“盐赋半天下”的富庶之地，不仅“弊政较他处倍多”，且“贫富并窘，官民两困”，“村落萧条，触目成悲”。

耳闻矿监、税监的横征暴敛、胡作非为，目睹工商业的萧条、民怨沸腾，应朝卿拍案而起，为民请命，相继起草了《劾楚阉陈奉播虐淮商疏》和《请罢采榷矿税疏》两个奏章。章中列举大量事实，指出矿监、税监制度的实行造成了贫民失业、纪纲日坏、诏狱日繁、常赋渐亏的严重后果，强烈要求废除此制度，解开不利于工矿工业发展的种种束缚。如不及时制止，“流毒民间”，“一坏百坏”，不仅“失海内之士心，斫国家之元气”，且将直接导致明王朝“土崩瓦解，乱在旦夕”。

遗憾的是，明神宗昏庸无能，并没有听取应朝卿的良言忠告，无原则护佑贪腐宦官，继续着封建没落之道，以至于万历二十九年（1601）三月，武昌民众万余人包围陈奉的官署，“誓必杀奉”。陈奉吓得从后门潜逃，藏在楚王府中不敢出门，最后民众抓住了他的十六个家奴爪牙，将他们全部投入江中。此后苏州、景德镇、临清等地以及云南、广东、陕西等省也此起彼伏地发生了大规模的反矿监、税监的暴动，沉重地打击了矿监、税监的嚣张气焰。

巡按湖广，匡扶两英才

应朝卿于万历二十五年（1597）巡按湖广，慧眼识才，对两位贫寒士子施以援手，造就了两位名臣。这两个人，一个叫贺逢圣，另一个叫熊廷弼。

贺逢圣（1587—1643），明湖广江夏（今湖北武汉）人，字克繇，一字对扬。幼有奇才，由于家穷，辍学帮人打短工。史载应朝卿“奉命巡按湖广，风裁益著，观风得贺逢圣，出百金赉之”，意即应朝卿在地方巡察时识之，积极鼓励贺逢圣继续读书，并当场资助他“百金”，贺逢圣抹着眼泪，磕头谢恩。其后贺逢圣荣登丙辰科进士，殿试第二人（榜眼），崇祯九年（1636）以礼部尚书兼东阁大学士入阁参政，为明末名宦、国家栋梁。

熊廷弼（1569—1625），明末将领，字飞百，号芝冈，湖广江夏（今湖北武昌）人，从小聪颖好学，但家境不好，有时辍学，只能边读书边劳作。二十岁时家乡连续三年闹饥荒，全家奄奄一息，多亏一对卖油皮的夫妇不时给予接济，才度过饥荒。熊廷弼家穷志不穷，从小励志“男儿当为国效力”，但由于得罪了总管教育的省提学，多次报考都被卡住，不能参加省试。应朝卿在监考湖广地区省试时，了解到熊廷弼这个人才，恰好当时朝廷命令各州县大量举荐人才赴京城考试，他第一个就举荐了熊廷弼。熊廷弼果然当年就考中进士，之后成为大明朝首屈一指的名将，明末经略辽东者有“三杰”，依次为熊廷弼、袁崇焕、孙承宗。

应朝卿再擢湖广按察司副使（四品），未赴任，于万历三十六年（1608）二月十一日病故于家，年仅四十九岁，时人无不痛惜。墓在本县三十六都多福寺。

应朝卿出生地的应氏牌楼。

心怀苍生 卢明章

方炳乾

传世家训：立当内室坚挺，无可趁缝隙。

卢明章（生卒年不详），号瑞川，今仙居县大战乡格垟村人，明嘉靖四十四年（1565）进士，历任行人司行人、江西道监察御史、顺天府按察使。

贫贱少年好读书

卢明章自幼家境贫寒，八岁就上山砍柴，换几个铜钱补贴家用。寒冬腊月，卢明章常常身穿着单衣，脚穿草鞋，孤苦伶仃在大战街上卖柴，受尽世人的白眼和欺负。但卢明章有一个与一般穷孩子不同之处，就是沉迷于读书，家里穷，买不起灯油，就点起松明，就着跳动的火光苦学到深夜。

城里西门有个张月泉，见大战“近山得水，山水之利并得，乃举家迁址”。张月泉在大战购置了三间街面屋，经营南北杂货，兼收农副产品，日子过得很是滋润，加上张月泉信仰佛教，善良厚道，四乡八村的人都知道他。这天黄昏到来，卢明章的柴火卖不出去，可怜巴巴。张月泉见此情况，前来问询，卢明章眼泪汪汪地道出家境贫苦实况。张月泉二话不说买下这担柴火，还给他饭吃，并且告诉卢明章，只要有卖不掉的柴火，都挑到他家。卢明章感激涕零地回家。第二天卢明章的柴火又卖不掉，只好低着头又挑到张月泉家里。张月泉见其羞羞答答，泪如泉涌，就毫不犹豫地买下卢明章的柴火。交往多了，张月泉发现卢明章勤奋好学，感叹道：“这样好学的年轻人，怎么可能贫贱一生不出人头地呢？”他将女儿许配给卢明章，并倾其所能资助他读书。

剖决冤狱救生民

嘉靖四十四年（1565），卢明章登进士第，初授行人司行人，后擢任江西道监察御史、顺天府按察使。

卢明章就任江西道监察御史时，都察院的办公衙门已经年久，江西的官员以及地方豪门都借便拜结，纷纷要求出资献物，将衙门修葺一新，以表示对御史事务的鼎力支持。卢明章一一拒之，说：“世间只有人品分高低，自古衙门有新旧，上替天子行道，下为百姓分忧，就够了。”卢明章在任期间，从不沾边地方豪门僚属的私交，端坐于御史要职，让地方百官敬畏，让百姓仰止。

卢明章曾巡察长芦盐场，其间他发现许多经营者因交不起税金入狱，有半数人甚至死于狱中。出身贫寒的卢明章深受触动，立即上奏朝廷，为盐场经营者减免了十分之八的税负，救无数生民于水火之中。同时，卢明章还深入调研，奏请朝廷就六个方面改革盐场管理政策，兴利除弊，使盐商和百姓都大为受益。

明代著名谏臣杨继盛上疏力劾严嵩“五奸十大罪”，遭诬陷下狱并冤死狱中，其远亲一族也被罗织罪名关押十年之久。卢明章洞悉实情，奏请朝廷核准，帮助杨继盛的这位远亲平反昭雪。

心系家乡除弊政

元代后期，官僚主义严重，仙居县误报了仙居版图，比实数大了四分之一。再者，在明初洪武二十四年（1391），仙居户籍人口为27035户93880人，到明万历九年（1581），仙居户籍人口减为11011户30045人，人口减退率达到68%，而皇粮国税依旧按照老的户籍人丁数缴纳，不少一分一毫。政府官员为了自己头上乌纱帽，只得照章上缴，没有办法只得向底层佃户盘剥，按照户籍摊派，加重了农民负担，许多仙居人为了活命，背井离乡，拖儿带女迁徙他乡，谋求生路。时至今日，安吉、富阳、龙游、临安等地由明代逃荒过去的几户仙居人，已繁衍成几百户、上千人的大村庄，历经几十代，至今还保留着纯正的仙居话——是那个时期的历史见证。当时仙居户籍税重已经成为历代仙居衙门的头顶大患，每每将情况报请朝廷，都是去如黄鹤，石沉大海。究其原因是朝廷的奏本堆积如山，别说是皇帝，就是归管这类事务的户部官员也视而不见，充耳不闻，谁都懒得理睬。

当时在刑部担任郎中的金崇厚（嘉靖三十二年［1553］癸丑科进士）也是个有血有肉、知冷知热的仙居人。金崇厚将事情告诉了卢明章，并请卢明章详加审核，呈送户部。

在卢明章的悉心关注之下，仙居县境的行政区域得到合理的调整，仙居的四至交界拨乱反正。当时的县府衙门交口称赞，打算在卢明章故里格垟村建造一座牌坊，以作纪念。卢明章得知之后竭力反对，建牌坊之事才予以取消。

关于卢明章热心乡里事业，史书还记载有一事。据说当时仙居盐商买卖食盐都得通过“牙郎”(中间商)进行，所得利润基本上都落入中间商的手里，盐商所剩无几，甚至亏本破产。卢明章给掌权者写信，取消了食盐交易的中间商，使其直接归政府商业部门管理，降低交易成本，使盐商和百姓都受益。

很可惜，卢明章正在仕途大展宏图之际，却英年早逝，死于任上。朝廷上下对卢明章的猝然离世深感悲痛。卢明章魂归故里，坟墓在杨府断桥。

卢明章出生地——仙居县大战乡格垟村。

伸腿入罂苦读书

自古读书求安静。卢明章的出生地格垟村虽说水明山秀，花香鸟语，却牛羊成群，鸡鸣狗吠，不是读书的地方。正好在格垟村的西边白岩下村有座山叫作青岩安，青岩安壁立千仞的岩腰上，凹进有三间屋大的岩窟，先人就在此处搭建庙宇，名曰“青岩安庙”。青岩安庙幽深奇崛，仙风习习，正是读书最佳处。恰好守堂的住持与张月泉是故交，为了让女婿卢明章有个好的读书地方，张月泉就将卢明章安排到青岩安庙读四书五经。

古代的仙居农家人，一日三餐能糊口，也算得上好人家了，冬天里才穿长裤子，一条长裤要穿好多年，有的人家甚至好不容易做了一条长裤，轮到谁出门做客谁穿。农家人夏天一律穿短裤。夏天蚊子漫天遍野都是，卢明章一边读书，一边在光裸的大腿上噼噼啪啪打蚊子，整个大腿打得血迹斑斑。想要安心读书的卢明章万分苦恼，但是面对周边“嗡嗡”叫的蚊子，又无可奈何，只有“望蚊兴叹”。忽然间，卢明章发现面前有两只破碎了的仰天酒刁（酒坛），想到自己家中空着的酒刁很多，把脚伸到酒刁里倒是个躲避蚊子叮咬的好办法。于是，卢明章就回到家里，不管三七二十一，提了两只酒刁回到青岩安庙，直接将两只脚伸进酒刁里。张月泉觉得很奇怪，悄悄地上青岩安庙看个究竟，方知道原来卢明章坐在凳子上，将两条腿伸进两只酒刁里，废寝忘食、孜孜不倦读经书。张月泉不禁暗暗思忖，这女婿将来准能成大器。后来卢明章金榜题名，做了朝廷命官，乡人一致认为青岩安庙是男儿奋发有为、金龙腾空天宇之地，故将青岩安庙改名为金龙寺。

家有贤妻不收礼

卢明章的妻子张氏聪明贤惠，勤俭持家，淡泊持世，足以让朝廷内外官员与僚属敬畏，并受到朝廷多次褒奖。有一次，邮差送来一个包裹，恰巧卢明章因事外出，两个多月后回家，他闻到一股臭味，打开包裹一看，方知道是一位文友从海岛寄来的几个鲍鱼，已经高度腐烂。卢明章责怪张氏早该趁鲜烧了吃。张氏委屈地说："我不识字，不知道是啥东西，你是朝廷官员，我不知道该不该收。"卢明章这才知道自家妻子是位"廉内助"。张氏能把握住手，不该要的东西，坚决不能要；能把得住自己口，不该吃的东西，饿死也不去吃。卢明章不禁紧紧地抱住张氏说："古有羊续悬鱼臭门，今有贤妻不拆包裹，鲍鱼熏室。立当内室坚挺，无可趁缝隙。"

清风颂远

——仙居籍御史监察官员简传

右司谏蒋琰

蒋恩智　朱丹萍

蒋琰，字公器，今白塔镇茶溪村人，唐乾符初中进士，先后任右司谏、吉州佥判等。

蒋琰从小学习刻苦，学生时期就立志要整肃政治、清除奸佞。唐乾符初中进士，一开始担任县令，不久升迁任右司谏。正值唐朝末年，战争不断，经济衰退，藩镇割据，宦官专权，朋党争斗不休，朝廷危在旦夕，而宰相碌碌无为，钳制言论，所以谏官们都沉默不敢言，唯恐丢官。蒋琰认为自己身为言官，是朝廷的耳朵和眼睛，如果不忧国忧民就是不理智，任国家自生自灭就是不忠诚，更何况，当时内外形势都十分危急，不忠心辅佐皇上，怎么对得起肩负的职责？所以不管是宫廷内部管理的事情还是百官的日常行为，他都言辞诚恳真切地进言。

有一天，皇帝发出命令，要大肆抓捕人员入狱，其实是宰相和几位内侍想要排挤某个人，结果满朝官员都感到危险。蒋琰挺身而出，上书请求皇帝停止这一不合理行为。皇帝身边的人员听说这一消息都非常担心害怕，而蒋琰言谈举止镇定自若。他上奏完之后，皇帝不高兴了，忌恨蒋琰的人又以传言激怒皇帝，结果蒋琰被降罪，被贬官到吉州当佥判。蒋琰知道想要改变政治现状困难重重，于是辞官回乡，在杜桥这个地方挑选了一座房子居住。他的养母陆氏平日里深居简出，不喜欢迎来送往，房屋简陋，田地贫瘠，每天只给他吃粥，蒋琰淡然处之。当听说皇帝流亡在外，朝廷纲纪更加不可拯救，他仰头痛哭，慨然离世。

蒋琰一生外表平和，内心刚强，知识渊博，文采出众，志向远大，只因生不逢时，难以一展抱负。人们评价他未任官时像诸葛亮一样不热衷于仕途，在任时像韩安国一样敢于进言，辞官后又像屈原一样为朝廷担忧。蒋琰生有五个儿子，分别是蒋迳、蒋达、蒋远、蒋运、蒋逵，都很有才学，使家庭的名声得到振兴。

左拾遗孙郃

方炳乾

孙郃，字希韩，今仙居县皤滩乡板桥村人，唐乾宁四年（897）登进士第，为兴科举以来台州史上第三位进士。官校书郎、河南府文学，累迁左拾遗。

孙郃少有异才，勤奋好学，推崇孟子、荀子儒家思想以及道家杨朱学派，崇拜韩愈文风。孙郃十分仰慕桐庐方干的学问，进京赴考返程之际，专程前往桐庐拜见方干。当日方干正在富春江上钓鱼，孙郃来到江边，见一老者端坐石台，聚精会神，孙郃小心翼翼，不敢接近。适逢方干的诱饵罐落入水中，孙郃赶紧跳入江中捞起，方干大为感动，开心至极，将孙郃引入家中“烹鱼煮茶，品茗言欢”。从此孙郃与方干结为忘年之交，并拜师于方干。之后，应孙郃盛情相邀，方干择日来访仙居。史载方干“与孙郃友善，尝过郃里，爱其山水佳秀，挈家寓焉，后世子孙遂家于此”。孙郃家乡仙居板桥的山水让方干流连忘返，他就带着家眷寓居板桥，从此方干后代支脉就在板桥生息繁衍。

自隋朝大业元年（605）开始实行科举制度至唐代末年，近三百年中，台州仅考取三名进士，而且这三位进士都是仙居人，分别是唐会昌四年（844）进士项斯，乾符年间（874—879）进士蒋琰，乾宁四年（897）进士孙郃。

相传，孙郃父亲有一手木匠绝活，孙郃取得功名之时，他的父亲正在帮别人造房子，准备上屋梁。父亲指着框架对儿子说："上梁不正下梁歪，造房做人一个样。当官先要自身正，正了自己再正人。"

孙郃担任谏官后，在光化三年（900）上疏皇帝，为方干叫屈，批评朝廷科举考试居然以貌取人的荒唐做法。原来，当年方干赴京参加丙戌科进士考试，成绩优异，却由于兔唇缺陷落第而归，只因当时有司奏议："干虽有才，但科名不可与缺唇人，不使四夷闻之为中原鲜人士矣。"经过孙郃的大胆谏言，宰相张文澜同时上书附和孙郃，朝廷赐方干为进士出身，追封方干为左拾遗。

晚唐政治腐败导致了李唐江山的垮台，朱温废唐哀帝李柷，自行称帝，建都开封，国号为"大梁"。孙郃是位志节孤傲的谏官，认为朱温篡政夺权，大逆不道，效仿古圣先贤"不食周粟"，脱去唐朝左拾遗官服，誓死不作梁臣，归隐山野，清贫终老。

之后，孙郃著书立说署名依旧采用唐历纪年，以示不忘唐室。孙郃著《春秋无贤臣论》以寄愤，提出"陪臣忠于诸侯者，必欲诸侯忠于天子。则上下有序，康乂四方"的观点。悲愤之余，孙郃也以此影射晚唐无明君、无贤臣，以至于江山易手。另著《才名志》若干卷，《孙子文纂》四十卷，《孙氏小集》三卷，《文格》二卷。《新唐书·艺文志》《宋史·艺文志》《文献通考》《浙江通志》均有记载。

侍御史吴全智

陈晨永

吴全智（873—950），字诘士，今仙居县田市镇吴桥村人，五代后梁开平二年（908）进士，历任国子祭酒兼侍御史、后梁银青光禄大夫。

吴全智为唐“文简先生”吴翥的后裔，吴石庆长子，世居遂昌。吴翥是一位淡泊功名的文人，在他二十九岁到四十岁的十二年间，当地屡次召他做官，他都拒绝了。吴全智担任国子祭酒兼侍御史，成为皇帝身边的谋士、近臣，依诏行事。他后来担任的银青光禄大夫，是从三品的官职。和其先祖一样，吴全智同样有着旷达淡泊的心境。适逢唐末乱世，吴全智抛弃官职，于光化元年（898）迁至仙居下砾，也就是如今田市镇吴桥村往东一带定居，成了仙居吴氏的始迁祖。

吴全智重视诗书礼义传家，在子孙后代教育方面，要求立身处事以德为先、诚信为本，并通过言传身教推动形成吴氏家规家训。后来仙居吴氏一族门风蔚然，人才辈出。据《吴氏宗谱》记载，仙居吴氏在历史上出过进士六十人，举人十六人。其中，唐光化元年（898）至南宋景炎三年（1278）这三百八十年间，入谱男丁共四百二十八人，就出了三十二名进士，有“吴氏科第甲江南”之称。吴氏后人秉承祖先仁厚正义的品质，出了不少御史、通判等监察官员，例如南宋监察御史、龙图阁直学士吴芾，绍兴府通判吴津，以及明代左都御史吴时来等。

越州通判蒋旦

蒋恩智　李益民

蒋旦（生卒年不详），字澹然，号适斋，仙居县城南人，北宋政和五年（1115）考中进士，先后担任武宁军司理参军、德兴县令、大理寺丞、越州通判等职，后因病辞职，被授予承议郎，监管石炭场，因为节操清廉备受乡邻推崇。

据蒋氏族谱记载，蒋旦为官干练，任大理寺丞时，有一个案子久拖不决，他亲自审查案情，很快就掌握了真相。担任越州通判五年，他秉公执法，当地百姓安居乐业，一派清平气象。

蒋旦曾是仙居人勤奋好学的典范。据《光绪仙居县志》记载，蒋旦十岁丧父，由伯父抚养成人，从小特别聪慧，与同族孩子一起学习四书五经，他十天就能学习半部经典，再过十天学习速度又快了一倍，连老师也惊得目瞪口呆。当时，仙居尚属于穷乡僻壤，民风粗犷，读书人在社会上不但不受尊重，反而常常被人耻笑。蒋旦每次想到仙居年轻人无心学业，都非常感慨。他约同乡好友应灌一起到僻静的山中苦读，无论寒冬酷暑，从不松懈。后来，蒋旦和应灌先后进士及第，风光无限，那些原先嘲笑他们的年轻人都深受触动，感到非常羞愧，纷纷立志求学，一时间好学之习蔚然成风。诸如吴芾、范希孟等人都曾求教于蒋旦，并得到悉心指导。可以说，仙居自宋高宗南渡后科举兴盛，一直延续到明朝出现高潮，涌现了如应大猷父子、吴时来、李一瀚、林应麒等一大批史册留名的学子名宦，与蒋旦开学仕之风不无关系。

蒋旦还是仙居历史上著名的诗人。他往往以山水入诗，清雅别致，自具一格。《柘川蒋氏宗谱》收录有蒋旦《端阳答友》《书斋有感》《西岩胜水》《葛井仙踪》等遗诗数首，大多是记述日常琐事及柘川周边的景致，诗风朴实无华，情真意切。此外，《仙居集》和《安洲诗录》对蒋旦的诗也有收录。

柘川渔火

桃浪流香春雨馀，渔灯深夜出溪湄。
半篷明灭风生处，数点微茫月上时。
影落沙汀鸥梦断，光摇芦苇雁栖迟。
明朝解缆沧浪外，濯足船头唱竹枝。

这首诗已被收录入《全宋诗》和当下的“百度百科”，成为仙居诗史上世人皆知的名篇。

无　题

谯楼更漏长，客枕衾中薄。
消息苦未真，幽情问谁托。
野阔风卷沙，江空浪翻屋。
欲度恨无梁，徘徊结心曲。

这首诗描述蒋旦听到自己将出任越州通判的消息，而圣旨还未到达时的心理活动。

夔州通判郭森卿

李益民

郭森卿（1156—1223），字子实，号谷斋，郭晞宗长子，今仙居县南峰街道船山村人，曾任宣教郎、崇阳知县、荆湖北路安抚司机宜文字、夔州通判。

郭森卿少负大志，超拔不群，尤其写得一手好文章，立意高远，条理清晰，词藻精美。可是，他在科场却很不顺利，两次参加科举考试，结果都名落孙山。因为父亲郭晞宗政绩卓越，清如冰玉，去世后朝廷仍赐以恩荫，于嘉定八年（1215）授郭森卿宣教郎、鄂州崇阳县知县。嘉定十一年（1218），任钦差荆湖北路安抚司机宜文字（官名，相当于现在的参谋兼机要秘书）。嘉定十三年（1220），任夔州通判。郭森卿严守父训，廉洁奉公，耿直处世，严格自律，勤勉公事，在每一任岗位上都政绩突出，留下良好的名声。

郭森卿博闻强记，精通经史典籍，是官员中公认的活词典。当时士大夫及文人骚客写文章都喜欢引经据典，喜欢用生僻的典故以卖弄学问。也因为生僻，一些文章中用的典故很多人就搞不懂，来向郭森卿讨教。郭森卿总是脱口而出，把典故的来源整段整段地背诵出来，让大家钦佩不已，集体给他起了一个雅号：书橱。郭森卿著有《谷斋集》，并深入研究《易》

《礼》《春秋》，都有自己的精辟论述。

俗话说："长兄为父。"郭森卿的父亲郭晞宗去世时，幼弟郭磊卿才八岁。郭森卿亲自负起教育幼弟的责任，无论是数九寒天，还是盛夏酷暑，一刻也不放松，由此造就了学问渊博、正色立朝的一代名宦——郭磊卿于嘉定七年（1214）进士及第，官至宝章阁待制，谥正肃，祀于六贤祠。

郭森卿有二子，长子存中，次子宜中。长子郭存中，字道甫，号西轩，于宝庆二年（1226）进士及第，累官至宣茂郎、江西安抚司使。

抚州通判郭明卿

李益民

郭明卿（1165—1216），字子肃，号潜斋，郭晞宗次子，今仙居县南峰街道船山村人，嘉泰二年（1202）进士，曾任抚州通判、湖广总领干官、宣教郎。

郭明卿身材高大，面容俊秀，才思敏捷，神采飞扬。当年在国子监上舍为太学生时，有一次宋宁宗驾幸太学，全体太学生都踊跃迎驾，祈盼能侥幸得到天子的眷顾，只有郭明卿一个人如平日一般闭门读书，竟对天子驾临这样的大事不闻不问。郭明卿的这种名士风度，与东晋时王羲之在太尉郗鉴派人上门择婿时"袒腹东床"的做派有得一比。

与王羲之的境遇类同，郭明卿与众不同的行为被宁宗皇帝得知后，后者大为赞赏，居然特意下旨：如果郭明卿进士及第，将提高一级授以官位，以嘉奖他淡泊处世的心态和专心苦读的行为，同时让那些趋附权贵、钻营苟且之徒知道羞耻，收敛自己的行为。郭明卿果然于嘉泰二年（1202）登进士第，宁宗皇帝也兑现承诺，授他为迪功郎、抚州通判。郭明卿为官严于自律，奉公守法，史称其"懋著清节，有古循臣风"。开禧三年（1207），郭明卿转任太平州通判，嘉定九年（1216）钦授湖广总领干官，当年十月，改授宣教郎。诏命下达时，他已患重病，不久去世。

仙居郭家世代以诗书礼义传家，家族和睦，人才辈出。郭明卿的父亲郭晞宗“教子甚严”，郭家兄弟五人均博学多才，“一门竞秀”，为世人所敬重，人称“五龙”。郭晞宗去世后，朝廷降恩，可择一位儿子承袭官职。当时长兄森卿已经入仕为官，排第二的明卿已过继给伯父，他提出让三弟垚卿承袭父荫，但垚卿却一定要把机会让给二哥。两人互相推让，争执不下，最后一起推给了五弟磊卿。郭家兄弟互相谦让的事迹一时传为美谈，台州郡守特意为他们立友于坊，以表彰这种兄弟友爱的行为。

郭明卿同样教子有方，他的五个儿子，长子粹中（授迪功郎），次子用中，三子诚中（出继），四子允中，幼子自中，个个饱读诗书，品德高尚。尤其是次子郭用中（1183—1224），字端甫，又名庄，号梅轩，自幼聪明好学，读书多所阅览，其捷数倍于人。其所处年代，正值南宋王朝偏安一隅，大片河山落入金人铁蹄，为了匡扶社稷，他毅然转攻孙吴兵法，在船山的走马岗上学习骑射，骅骝驰骋，望之如天马行空。当时乡人饶阳知县贞成先生曾以“闲控骅骝着锦衣，平岗驰骤急如飞，玉鞭敲镫过苔径，金勒嘶风破石矶”的诗句赞之。郭用中长得高大魁梧，经过长年累月的刻苦操练后，终于登嘉定十三年（1220）武进士第，授承节郎、镇江府驻扎，复擢御前诸军都统制同准备将。当时金人来犯，边疆传警，郭用中屡次请求带兵克敌，却始终没有被当权者允许，悲愤不已，年仅四十一岁就辞世。

婺州通判陈寿还

陈晨永

陈寿还（1209—1276），陈章之孙，陈庸之曾孙，今仙居县南峰街道清口园村人，历任宣教郎、安庆府太湖县知县、婺州通判。

景炎元年（1276）二月四日，元军攻占南宋行在临安，五岁的宋恭帝及其他皇室成员被俘北去。元朝铁骑来势汹汹，长驱直入台州各地，局势一片混乱。

疾风知劲草，板荡识诚臣。在国家命运的转折关头，从上而下各个阶层的人都在用自己的行为表态。在国家危亡之际，陈寿还以碧血丹心谱就了一曲慷慨赴难的人生绝唱。

曾任婺州通判、赋闲在家的陈寿还已经预感到接下来会发生什么，他向家人朋友都做了相应的交代。他跟船山村郭姓亲朋袒露心迹：从曾祖父陈庸开始，我们家族世代受宋爵、食宋禄、蒙宋恩，君臣大义不能不报！陈寿还说到做到，抱着必死的决心，毅然投身于抵抗斗争中。作为一名担任过通判的前官员，他显示出了强大的组织动员能力，短时间内就近招募了一支三千人的义军队伍拼死抵抗，这些人都是仙居境内铁骨铮铮的好男儿。然而，双方实力相差终究太过悬殊，在元军铁蹄践踏下，义军寡不敌众，伤亡惨重，陈寿还拼尽全力，最后战败被俘。

经此一战，元军将领敬重他的为人，再三进行劝降。陈寿还大声怒吼，立誓不从，最后自杀身亡，以死许国。生命永远定格在那一天，景炎元年（1276）的农历十一月廿七日，终年六十八岁。知夫莫若妻，陈寿还的妻子郭氏非常明了自己丈夫重义轻生、宁折不屈的性格，以及抵抗到底、为国捐躯的志向，早在二十一天前陈寿还训练抵抗义军队伍时，为了不给丈夫留下后顾之忧，已经在县南河头深潭投河自尽。家谱这样记载："元军压境玉石俱焚，统兵抵挡毫不畏惧，誓死殉君志不可夺，夫忠妇烈！"

陈寿还宁死不屈的慷慨气节，和同时代的文天祥"人生自古谁无死，留取丹心照汗青"的风骨如出一辙，同样光照千秋。经此变故后，陈寿还后人"不臣于元，常带宋笠，不服胡冠，退居荒僻"，"不事阿世，隐居终身"，从此隐居林下，立志不仕元朝。

严州通判郭和中

陈晨永

郭和中（1218—1263），郭磊卿次子，郭晞宗之孙，今仙居县南峰街道船山村人，历任徽州通判、严州通判、太府卿。

郭和中从小以其父为榜样，崇尚道义，精明能干，“遇事即决，人无能欺”，和他共事过的人都对他非常佩服。宝祐五年（1257），蒙古蒙哥汗亲征南宋的前一年，因为“两易”，郭和中居然又调到严州，担任父亲郭磊卿曾当过的官职——添差通判，前后相隔二十一年，距离郭磊卿辞世也有十八个年头。所谓“两易”：“宋制，是指由于官员因避嫌等原因，可与人互易职位，亦称对移。”其实想想也真不简单，南宋虽然偏安于秦岭、淮河以南，疆土大大缩水，不必说远远不及隆汉盛唐，即便比起北宋，体量也少了一大圈，然而毕竟还是一个东方大国，一度拥有约两百万平方千米的国土，没想到郭氏父子俩居然能够先后在同一个严州为官，而且担任一个同样的职务，真是无巧不成书！

《景定严州（新定）续志》还有记载：“郭和中，承奉郎，徽州通判两易，宝祐五年四月二十七日到任，开庆元年十一月丐祠。”一个谜底揭晓，原来郭和中是从徽州通判任上和严州通判进行对调的，不过到底是其中哪一位通判、出于什么原因避嫌已不可考了，权且留白暂供猜想吧。不过，方志上写得很清楚，“其精明实似之”，意谓郭和中非常精明能干，责任心以及工作能力方面和老爹郭磊卿有得一拼。

开庆元年（1259）十一月，不知道出于什么缘故，郭和中自请充任祠禄官。按宋制，因故自请充任祠禄官，以处闲散之地称请祠，即所谓丐祠、乞祠。祠禄制是两宋特有的职官制度，隋唐未兴，明清不继，是宋朝佑文政策的产物之一，初衷是为了“佚老优贤”，不理政事而予俸禄，客观上起到了“养士”的作用。

再往后，郭和中后来担任太府卿，也就是太府寺的主官，掌管钱谷金帛货币，以及营造器物等。这是一个管钱的显赫职位，也是郭和中被后人尊称为“金部公”的缘由。此外，太府寺还有另外一项重要职责，就是管辖以及颁发住持僧道的度牒。所谓度牒是政府机构发给公度僧尼以证明其合法身份的凭证，以此将僧道身份之合法确认权归于国家，实现对宗教组织成员的掌控。

当时，一名僧人想担任大寺院的住持，他通过贿赂郭和中身边人员向他传话，并进献珍珠和翡翠，企图达到自己的目的，郭和中假装答应下来。过了几天，那名僧人来太府寺表示感谢，郭和中当即命人将其捆绑，连同珍珠和翡翠以及传递信息的那名身边人员一起押解到临安府。临安府知府一向非常敬重郭和中为人，当即按照法律程序处置，并张榜公告，敦世厉俗，促使民风淳朴敦厚。朝廷公卿得晓这件事情后，都竦然敬畏地说，有其父必有其子！这家伙太厉害了！

在太府卿任上，郭和中任劳任怨，尽忠职守，就怕稍有疏忽导致过失，最后有损清廉家声。由于长期辛劳，精益求精，郭和中最后得病死于任上。朝廷加以褒奖，诏表“不忝乃父”，即不辱没父亲威名！

徽州通判杨孟瞻

杨总灯

杨孟瞻（1373—1447），又名成崟，今仙居县福应街道杨府村人，为仙居杨氏第十八世孙。

明永乐八年（1410），杨孟瞻以贡生入选传授儒家经典的国家最高学府应天太学，攻读儒学经义。永乐九年（1411）参加应天府（今江苏南京，1368年始名应天府，为明朝初期国都）乡试，中举人（乡试，每三年在省城举行一次，取中者称举人），授应天府府军警戒部队职掌文书之类的小官，后经侍御史陈抟举荐，擢升为徽州府（下辖今安徽、江西部分地区）通判，督察府县，弹劾、整饬非法地方官吏。

杨孟瞻颂扬乡贤，崇尚名宦，上任徽州通判初年，就赴辖境内的婺源（今属江西）拜谒纪念南宋哲学家、教育家朱熹的朱文公祠。发现该祠宇已破败，杨孟瞻不顾地方长吏的反对，筹募材料，组织人工，迎合民意，将其整修一新。杨孟瞻就任徽州通判期间，凡发现地方长官颁布苛刻的法令，或者地方长官违反民意、有违法的行为，均严正反对，使其令出必有益于民众。为此，在任期间，杨孟瞻深受民众信赖、称颂。晚年告老还乡，颐养天年。

饶州通判张成德

张健君　方炳乾

张成德（1429—1510），名湙，号孙志、北野，今仙居县城西门村人。明成化六年（1470）举人，初任四川南充知县，因政绩突出，升江西饶州通判。

明成化六年（1470），张成德与本县王瑜、吴叔正、王环先获秀才，再选考为贡生，入国子监深造。由于张成德成绩优异，处事利落，初任四川南充知县。南充地处四川，民风粗犷，乡民好诉讼，事无大小一律告到县府衙门。有一天，一对同胞兄弟竟为一点小事告到知县大堂，且喋喋不休，恶言相讦。张成德问他们兄弟俩说："你们都愿意多生几个儿女吗？"答曰："是的。"张成德说："何苦呢？兄弟姐妹多了，要打官司，今日你们的这场官司，来日就是你们儿子之间的官司。多一子岂不是多一个仇家？为免除互相伤害，岂不是少生为好？多生孩子多仇家，少生儿女仇家少，不生儿女就没有仇家。"兄弟俩听了张成德的一席话后，感到非常羞愧，撤回诉讼，重归于好，据说后来还以兄友弟恭闻名乡里。

张成德在南充做知县履官十年，办学兴教，创立五经书院，聘请名士来五经书院讲授，捐俸以资其费。《春秋》之学在南充已很久没有讲习传承的人了，张成德亲为讲解，学生叹服，称他为"张夫子"。张成德重农桑，修水利，优风俗，促教化，政绩斐然。他视百姓为父母，凡乡民有难，掏空钱囊也在所不惜。张成德始终坚守廉洁底线，百姓送的哪怕是一颗白菜也不收，被当地百姓称作“白菜知县”。离任时，南充百姓十里相送。张成德以《别蜀父老》作谢：

微官近十载，瞿峡几盘旋。
手迹花千树，征囊书半肩。
圣明会别简，父老漫相怜，
遮道情难遣，人为拣一钱。

张成德为官清廉，所到之处，有口皆碑，后被擢为云南督学，步入监察御史行列。当时，云南一带强盗很多，许多州县官府的征讨行动都连连败北。张成德随机应变，设立奇局，寇贼尽落圈套，被一举歼灭，云南州县学宫得以复苏。再升饶州（今江西鄱阳）通判，在任期间，明镜高悬，兢兢业业，同僚肃然起敬。离任之日，百姓如失父母，遮道泣送者万计。不久谢病归，家居十年卒。所著有《史略窍言》《逊志存稿》。

高州通判吴洪赐

陈晨永

吴洪赐（1460—1526），字世益，今仙居县白塔镇厚仁村人，历任广东高州通判、广东儋州知州，终奉议大夫。

明正德六年（1511），吴洪赐担任广东高州通判，兼广东提举市舶事。提举市舶，主要职责为监管外贸使其规范化、严禁走私逃税等。其间，他曾亲身参与了一起在中外贸易史上颇具影响的重大事件，该事件可以视作西方国家第一次对华军事冲突。

1515年，葡萄牙国王曼努埃尔一世派遣舰队护送使者抵达广东屯门，要求进行贸易并缔结贸易协定，这和以往其他国家的朝贡行为完全不同。葡人向市舶司说明来意，时任市舶提举的吴洪赐敏锐地意识到这支庞大的舰队不同寻常，为此，他亲赴葡人所住的怀远驿站试探其真实情况。吴洪赐通过通事（翻译）了解到葡人使团成分复杂，有要求通商的外交使节，有搭船而来的佛郎机（明代对葡萄牙的称呼）商人，也有携带强力火器的军事人员。他随即将真实情况报告给当时管理海道的按察司佥事，并逐级上报至两广总督。

后来，由于种种原因，两国之间的贸易协定没有达成，葡萄牙使团就变身为贪婪的商人和凶暴的海盗，日后最终引发了一场海上军事冲突，导致明朝东南沿海失去了过去的安宁。

担任通判期间，吴洪赐妥善平定了境内的多起战乱，“连战获胜”，升为广东儋州知州、奉议大夫。吴洪赐告老还乡后，成为德高望重的乡贤，通晓事理，受人尊重。据载，吴洪赐“归里修宗谱”，修订家训族规，用来规范本族后人的言行，在当地影响很大。

湖广按察使应大桂

陈晨永

应大桂（1509—1556），字邦才，今仙居县下各镇下各村人，应大猷之弟，明嘉靖五年（1526）丙戌科进士。历任汉阳知府、黄州知府、登州知府、湖广按察使。

应大桂一开始担任朝廷行人司行人，出使周边国家，后来升为刑部主事，再升为工部员外郎。工部是六部之一，为掌管营造工程事项的机关；员外郎为各司之次官，相当于副司长，排名在郎中即正司长之后。由于工作出色，应大桂获得皇上赏赐银壶一把。后来他先后担任汉阳知府、登州知府，在任期间勤政惠民，所到之处均有清誉。

在担任黄州知府期间，应大桂看到府学旁边有一块空地，就捐出自己的历年官俸，造房一百多间，以安置当地的贫穷百姓，而且还为他们购置了三顷田地以耕种，作为他们养活自己的基础。黄州这个地方有很多山水胜景，这可是苏东坡当年游赏过的地方。应大桂闲暇之时，喜欢和高僧、儒士一起登山临水，饮酒赋诗，其乐陶陶，当时的人都称他为“应东坡”。再往后，他担任登州知府，同样保持惠民爱民的为官本色，深受当地士民尊敬，声名在外。最后，升任湖广按察使，并在这个位置上致仕。

应大桂是王阳明的学生，一生非常钦佩阳明学说。明嘉靖八年

（1529），王阳明辞世，当时安排十五位王氏门人代表进献祭文，应大桂排在第八位。应大桂在祭文开篇写道："呜呼！人知有先生之道，而或未尽得先生之教……"痛惜恩师逝去，再也无法像从前一样追随恩师左右，增长学问了。然后再写道："吾念先生之悟道也，以良知为扃钥；其收功也，以格致为实际。"感叹王阳明通过"致良知"这条道路悟道，通过"格物致知"考察事物，获得知识，取得成功，表达了他满腔崇敬和爱戴之心。

常德通判应存性

陈晨永

应存性（1517—1581），字恒之，号方山，今仙居县下各镇下各村人，应大猷次子，嘉靖二十二年（1543）乡试中举，三十五年（1556）二甲进士。历任兴国州同、常德通判、湖广按察佥事、湖北恩施知府。

应存性中进士后，被授予工部主事之职，因为坚持原则没有顺从上司，被贬谪到湖南茶陵州，不久升为湖北兴国州的州同（知州的副职）。

应存性一到任就去拜见知州，却见知州穿着便服出来迎接，应存性的耿介秉性在此时表现了出来，他就这样站着，也不向知州行礼。出来后，他就告诉当地御史："朝廷设立官爵，分派职权，各有各的职责。同僚初次相见，怎么能够身着便服？这不是轻慢我吗？或者是认为我这个州同职位只是个空头虚衔，可以不当回事？"同样因为这件事情，知州也很不高兴，也跑到御史跟前诉说不快。御史劝解道："难道你没有听说过'应骨鲠'这个人吗？如果他不是因为耿直脾气走弯路吃亏的话，现在早已位居九卿之列，跻身朝廷重臣了！"经过一番委婉劝解，这起风波才平息下去。

应存性担任常德通判时，负责管理水利灌溉事务。当地的一条堰河堤坝年久失修，如果遇到持续暴雨，上游之水便泛溢肆虐，直淹中下游乡村农舍，导致万亩农田陷为一片汪洋，百姓屡遭水患侵扰。

为使百姓免受水害之苦，应存性悉心设计规划，重新筑堤，加固堤坝，并在沿岸修渠引水灌田，花了很多心血才完成这个浩大的水利工程，确保这条堰河继续发挥灌溉调节作用。堰水滔滔一路奔流，造福当地百姓。当地人感念他的恩德，在河边为应存性立祠祭祀，香火不绝。

应存性提升为湖广按察佥事，一度负责管理“盐法”，即在辖区负责落实国家的食盐征税和专卖榷禁的各项制度，有巡盐御史的职责。明万历四十五年（1617）开始实施“盐法”纲法，确定了商买商卖的包销制度，具体来说就是官府卖盐引（取盐凭证，可以作为代币流通），由商人自行赴场收运，政府将食盐收买运销之权悉归商人，政府不再插手具体买卖环节。

制度面前人人平等，之后发生的一件事情中，应存性公事公办、铁面无私的作风再次得到淋漓尽致的体现。一位朝廷官员姜学士违反禁令，夹带私盐经过关闸，不巧被人发现了。按照“潜规则”，这是一起可以选择性执法的案子，就看应佥事怎么把握尺度分寸了。实际上，应佥事是讲规范、守规则、懂规矩的模范，遵循制度，按章办事决不含糊。应存性没有因为姜学士是朝廷官员就曲意迁就，在执法时区别对待，而是照查不误。一句话，该怎么处理就怎么处理。姓姜的官员怀恨在心，通过各种渠道不遗余力地打击报复，将应存性贬为湖北恩施知府，直至其致仕。

云南按察副使吴炳庶

陈晨永

吴炳庶（1520—1613），字朝徵，明嘉靖二十九年（1550）进士，今仙居县白塔镇厚仁村人，历任工部主事、南康府知府、云南按察副使。

吴炳庶年少时就崭露头角，很有文才，十九岁那年参加乡试得了第一名。嘉靖二十九年（1550）吴炳庶和侄子吴时来一起进京考试，他率先考中进士，担任工部主事。

工部主事是一个肥缺，存在着权力寻租的空间，容易诱发官员收取灰色收入的贪腐现象。果然上任不久，一个商人来找吴炳庶帮忙，见面时企图用金钱行贿收买，希望吴炳庶能够帮其偷税漏税。吴炳庶当场一口回绝，严肃批评行贿者："税收是国家的财源所在，我决不会屈从私情。"并说，"我们吴家世代清白，玷污祖上门风、有辱朝廷的事坚决不干！"商人无奈，只得悻悻离去。

不久，吴炳庶出任江西南康知府。吴炳庶刚到南康不久，就发现当地豪强横行乡里，为非作歹，已经成为地方一霸，而当地人出于畏惧不敢告发。吴炳庶了解情况后，认为"南康豪者肆害，必须绳之以法"。他排除种种明里暗里的干预阻力，一查到底，掌握了大量的材料，形成了确凿的

“证据链”，断然采用雷厉手段将这个涉黑涉恶团伙一举打掉，打响了惩治黑恶势力的第一枪，充分显示出“刚正不阿”“执法公允”的品格。饱受豪强欺凌的百姓奔走相告，对吴炳庶感恩戴德。

陆上的豪强被惩治了，湖里的水寇依然猖獗。当时鄱阳湖水域面积达四千平方千米，河汊湖港纵横，水况复杂，水域周边水盗蜂起，在湖面上出没无常，当地官府多次剿捕没有成效。严打豪强刚获胜利，吴炳庶又接到了清剿湖寇的重任。吴炳庶事先做足了功课，针对湖寇成员多为岸边贫民的实际情况，提出“兵谕并进”、双管齐下的攻心策略。在整治军备的同时，特地发出告谕，指出“百姓饥寒交迫，父母有过”，“兵者，凶器也，圣人不得已而用之”，表明自己不忍诉诸武力征剿的良苦用心。吴炳庶代表官府郑重承诺，愿意既往不咎，给落草为寇的人们一条改过自新的活路。在强大的军事攻势面前，攻心策略很快取得了实效，鄱阳湖的水寇们受到了感召，纷纷前来自首，发誓：“吾今愿为良民矣！”愿意从此洗心革面，重新做人。

后来，吴炳庶又调任云南按察副使。当时严嵩当权，独揽朝纲，排斥异己，为所欲为。吴炳庶深明形势，叹息道：“斯人当国，天下事不可为矣！”不愿与严嵩等人共事，上疏自请退休，年方三十六岁。从此以后，告别仕途回家，“筑高墩、构台榭、凿池塘、植花木”，在蓼溪修建水阁别墅，邀请知己好友饮酒吟诗，安享清泉激湍之乐。

早在出任江西南康知府期间，吴炳庶就已经在“县西三十里田市之南”建蓼溪书院，“延名宿以训其乡之子弟”。这次回来之后，本来就不打算再出去当官了，吴炳庶并不满足于饮酒吟诗的生活，他觉得还有一件更重要的事情要做，就是抓好子孙辈的人才培育。为此，吴炳庶一边主持修缮族谱，一边教育诸子孙读书，培养家族才俊，并以此为乐。当时人称，其乐胜过五柳先生。

贵州按察使应存卓

陈晨永

应存卓（1530—1610），字从之，号宏斋，今仙居县下各镇下各村人，应大猷第五子。明嘉靖三十八年（1559）二甲进士，历任云南参政、广东右布政、贵州左布政、贵州按察使等职。

万历十三年（1585），应存卓任云南参政。当时世代镇守云南的沐氏倚仗朝廷恩宠，在门口立了一块高而陡峭的石头，要求所有坐轿或者骑马的人经过沐府大门前时都要下轿下马步行而过，以示对沐氏家族的尊崇。应存卓初来乍到却不吃这一套，很反感沐氏私自定下的规矩，径直从石头旁边骑行穿越而过。因为这件事情，云南沐氏十分恼怒，派军队包围了应存卓的办公衙门，要求赔礼道歉。应存卓并不担心害怕，只是将沐氏所作所为记录在案，向上呈报，请求朝廷裁断。朝廷最后认可了应存卓的做法。不久，应存卓转任四川参政，采取威德并用的措施感化当地苗民，较好地化解了汉、苗民之间的纠纷。

万历二十二年（1594），应存卓升任广东右布政，过了些年又调任贵州左布政，因为遭逢家人丧事，他回到了故乡仙居守制。万历二十六年（1598）出了一件大事，播州世袭土司杨应龙率众叛乱。明代在播州（今贵州遵义）设立宣慰使司，由杨氏历代统治播州，其势力盘根错节，早有不臣之心。时任播州宣慰使的杨应龙与明王朝的矛盾日渐激化，不服朝廷管辖，发动叛乱。由于杨应龙蓄谋已久，在当地势力强大，加上贵州地方多山多洞，这样的地貌地质条件适合叛军游击躲藏，官府屡次征讨都难以彻底清剿。在这种情形下，朝廷有人推荐应存卓，认为他是文武全才，可以重用，于是他被起用担任监军。应存卓不负众望，在这场贵州平叛战争中走上前线，充分显示了卓越的军事才干。作为一名进士出身的文官，应存卓参与制定征讨策略，协助主帅运筹帷幄，排兵布阵，朝廷大军最终平定了元凶叛首杨应龙的叛军。

播州之役是明朝万历年间平定杨应龙叛乱的一场战争，被视为明神宗“万历三大征”之一。仗打完了，而且打得非常完美，按理说，应存卓作为监军应当得到朝廷实实在在的优厚赏赐，而且朝廷派来的准备记功的官员也在路上了。然而，事情接下来的走向却让人始料不及。那位朝廷派来的掌管按功行赏的官员，公然要求应存卓提供好处，理由是仗打胜了大家都有功劳，然而记功名额有限，得有特殊关系才可以上报，至于什么是特殊关系，你自己掂量着办吧。显然，这属于明目张胆的索贿。按照那位搞权钱交易的官员的多年经验，“识时务者为俊杰”，一般来说，想记功、想记大功的人掂量一番后，都会痛痛快快地掏钱。不过，应存卓清廉自守，珍惜名节，根本不是贪图利益、蝇营狗苟的人，他叹息道：“荡平这伙巨寇，主要还是靠国家声威，我个人哪里又有什么功劳呢？”后来论功行赏，应存卓没有得到提拔重用。

鹤庆通判应存鲁

陈晨永

应存鲁（1535—？），字德之，号省吾，今仙居县下各镇下各村人。明万历五年（1577）举人，历任石埭知县、鹤庆通判。

应存鲁出自下各应氏，父亲为湖广按察使应大桂，伯父为刑部尚书应大猷。应存鲁少年好学，仗义疏财，在当地很有知名度。应存鲁在万历十七年（1589）担任石埭知县，之后担任鹤庆通判三年，其间“政清讼理，不事纷更，与民休息”，意指应存鲁在任时，政治清明，官司得到调解，百姓休养生息，太平无事。他在六十岁时退休回乡。

应存鲁在仙居被广为传诵的是他仗义疏财的壮举，即独力承担修缮迎晖门之事。明嘉靖年间，倭寇屡犯县城，严重威胁仙居百姓的生命财产安全。嘉靖三十五年（1556），仙居县令姚本崇经奏请批准，将原来的土城改建为石城，新筑的城池“拓城西地，周五里，广三丈，高四丈”，比原来的土城大得多、高得多，同时修建五座城门，其东为迎晖门。由于工程浩大，共花费白银十万多两，“邑藏为空”，以至于修建迎晖门时，地方官员亦“不堪命”。应存鲁倾其家产，“慨然出数千金”，慷慨凑出数千两银子，独力修缮迎晖门。重修后的迎晖门石刻有喜鹊衔梅、雁游菱湖、狮子挪球、鲤鱼嬉水、二龙戏珠、野鹿奔逐、八仙过海等，玲珑剔透，形态自如，技艺精湛，象征了仙居人民抗倭胜利后的欢悦。

应存鲁舍小家顾大家，为人慷慨侠义，散尽家财独修城门，哪怕家庭一度陷入困顿也在所不惜，真心不悔，因此感动仙居，青史留名。

江西按察使应汝化

陈晨永

应汝化（1558—1615），字明叔，号云溟，今仙居县下各镇下各村人，明万历二十三年（1595）中进士。历任工部营缮司郎中、江西左参政、山东按察使、江西右布政使等职。

应汝化在工部兢兢业业干了多年，从主事、员外郎做到郎中。当时由于皇宫失火，皇帝命应汝化督造坤宁宫。他悉心筹划，精打细算，节资俭用，节余下的工程款居然达十多万两白银。有人劝他这笔款不必交公，还是按照旧例由自己私分。应汝化不为所动，正色道："十多万两的银子对边境来说就是几个月的军饷。如今国家财政困难，边境多事，边关催饷文书不绝。作为食君之禄的人臣，本当掏钱出资来缓解军队的燃眉之急，怎么能把剩余的公款占为己有呢？"于是，应汝化将剩余资金一款一项地造好册籍，全部交公，受到皇帝"优诏褒美"。

应汝化担任的掌管土木工程的工部营缮司郎中，相当于六部里面的司长，有一定的实权。他曾被派到山东临清州"抽分"，就是管理贸易征税，这可是一个人人羡慕的职位，钱来得快。要知道临清凭借大运河漕运兴盛而崛起，是山东西进、晋冀东出的重要门户，素有"富庶甲齐郡""繁华压两京"的美誉。然而，应汝化严格自律，两袖清风，在临清州"抽分"时不占不贪，回来时依旧“行李萧然”。

万历三十五年（1607）应汝化被提升为江西左参政，辖管饶南、九江等地。当时白莲教秘密发展会众，暗地里诱惑百姓，准备发动叛乱，然而忌惮应汝化的威名，不敢公开发动。后来白莲教骨干分子得知应汝化离任的消息，随即起事叛乱，战火波及的地区生灵涂炭，满目疮痍，民生疾苦。当地官民都十分怀念应汝化在任时来之不易的安定生活。

附录

附录一
仙居御史文化小辞典

大臣遗风

南宋，陈庸任朝请大夫、提举常平使，负责管理赈荒救济、农田水利等事宜，留下了执政为民的美谈。

当时，江南境内水旱相连，灾情触目惊心。陈庸断然下令开仓救济，挽救了大批灾民。当时，有人提醒没有上头旨意就开仓济民，这样的做法很危险。面对空空的粮仓和善意的提醒，陈庸不是没有想到擅自开仓放粮的后果，只是时间不等人。

处理好赈灾善后事宜，陈庸自行赶到临安请罪，“以身待死于朝”。最后峰回路转，皇帝不但没有怪罪他，反而表扬他忠心耿耿，“有古大臣之风！”

“大臣遗风”匾额，现挂在南峰街道清口园村祠堂。

（详见《清慎传家陈庸》）

一门奇节

“敕宣教郎郭嘉卿，东门祖帐，鉴湖酒舡，高风寥寥，千载莫嗣……维尔磊卿，立朝鲠直，天啬其寿，朕念之不忘。而尔嘉卿，亦自以遗荣嘉遁，振华于当代，何郭氏一门之多奇节也！”——《敕赐继一处士诰词》

郭磊卿辞世七年后，宋理宗颁给郭磊卿四哥郭嘉卿《敕赐继一处士诰词》，称颂郭磊卿“立朝鲠直”，郭嘉卿“振华当代”，赞扬“郭氏一门之多奇节”。

该文刻于郭氏墓前石碑，后移至船山郭氏宗祠。该碑高四尺七寸，广二尺六寸，包含了四种字体，其中行书飘逸潇洒。“破四旧”时，为了保护这件珍贵的文物，村民将其藏于墙内，使其免遭浩劫。

（详见《谏坛硬汉郭磊卿》）

铁面冰心

明代，李一瀚为官三十年，廉洁之操“一尘不滓”，至死“囊无长物”，“室庐田产无所增益，妻子婢仆身无美衣”。

明穆宗在李一瀚的谕祭文中评价他“性资刚毅，操守清严”。时任左都御史的同乡好友吴时来感叹：“李都宪天下第一流人物。”李一瀚的连襟、时任惠州府同知的林应麒称颂他“铁面冰心，何知避忌；忠肝义胆，不惮批鳞”。“铁面冰心”由此成为李一瀚的盖棺之论，传颂至今。

“铁面冰心”四个字为李一瀚墓前铭文。

（详见《铁面冰心李一瀚》）

德厚流光

李宅李氏传承至今已有九百年的历史，代代相传的“十训八诫”是李氏家族的行为戒律和精神信条，成为家族成员做人处事自我约束的规矩，更是家庭和睦、村居和谐、社会安定的根本保证。而完好保留至今的“三透九门堂”古民居则是家族和睦、全村一家的象征。时至今日，古老的族规依然被李氏后人严格遵循，敬老爱幼、兄友弟悌之风蔚然，全村秩序井然、平安祥和，夜不闭户、路不拾遗的古风犹存。

清道光年间，李钟侯发家成邑内巨富，“置地数千亩，构屋百余楹”，建成“康乐堂”“和亲堂”两座相连的“三透九门堂”民居，形成“双喜”字建筑群，台门布局规整，用料考究，牛腿、花窗、木门等构件雕刻精美，具有一定的历史和艺术价值。

李钟侯五代同堂，还接回寡居的妹妹及外甥一家同住，同自己家族一样分给一个院子，家庭和睦，井井有条。前后两任知县曾承禧、曹个臣分别为其亲书“康乐和亲”“德厚流光”匾额，家声大振。

南台世范

戴弘演去世后，明代仙居籍刑部尚书应大猷为其写传。嘉靖四十一年（1562），明朝仙居籍左都御史吴时来赠戴氏族人一匾额，称赞戴弘演为"南台世范"（明初设御史台，后改为都察院，作为全国最高监察机关。都察院设置在金銮殿的南面，故又称"南台"）。

作为一名监察御史，戴弘演"清风满衫袖"的事迹为人称道。吴时来写诗《拜侍御戴率斋先生祠》：

方学青骢骑，情深旧典型。
逆鳞标气节，爱国树藩屏。
江右威多振，文渊笔早铭。
可知申及甫，先后共山灵。

表达了他追慕前贤之心。

"南台世范"匾额至今保存在苍岭坑村祠堂。

（详见《南台世范戴弘演》）

殿上虎

宋代监察制度相对成熟，谏官的主要职责就是"凡朝政阙失，大臣至百官任非其人，三省至百司事有违失，皆得谏正"。

南宋张次贤在担任谏院左司谏时，立朝正色，弹劾权幸，直接将纠劾矛头对准当时权相史弥远，连上九章弹劾，"一言之不足再言之"，以忠直闻名于朝。

张次贤忠君爱国，披肝沥胆，率性敢言。时人形容他为"殿上虎"，正气凛然，风采不凡。他在御史台为官近二十年，"裨补朝廷良多"，对朝廷帮助很大。

（详见《抗节直言张次贤》）

插秧歌

明代应大猷临终前，担心家族庞大，容易狂妄自大，于是吩咐子孙将《插秧歌》刻于墓前：

手把青秧插野田，低头便见水中天。
六根清净方为道，原来退步是向前。

水中天如镜，人要自觉自悟，使本性清澈显见，才能够“六根清净方为道”，使自己的眼、耳、鼻、舌、身、意“六根”，不被外面的色、声、香、味、触、法“六尘”污染，时时保持自性的清净，这就是道。

农夫插秧，一面插青秧，一面往后步步退，返到田边，一畦田的秧苗才插好，似退而实进。有时候，退让不是完全的消极，反而是积极的转进。与人相处，斤斤计较，争执不下，倒不如退一步，寻求更大的成功。

应大猷墓前立碑《插秧歌》，意在告诫子孙要六根清净、低头做人。

（详见《大智大勇应大猷》）

桐江书院

桐江书院是仙居最早的书院，系南宋乾道年间（1165—1173）方斫所建，以其祖先方干是桐庐人，因名“桐江”。

桐江书院位于仙居县皤滩乡山下村，前有鼎山叠翠，后有溪水萦回，东有鉴湖烟柳，西可登临道渊山，环境清幽，书声朗朗。

朱熹曾慕名遣子就学于桐江书院，作《送子入桐江书院勉学诗》，手书“桐江书院”“鼎山堂”匾额。南宋状元王十朋曾负笈来游，手书“东南道学世家”“理学明崇”匾额。

桐江书院被称为“东南道学正渊”，留下“文公访道地，殿元受业家”的佳话，并且和吴芾、吴津、陈庸、陈章、郭晞宗、王存忠、应大猷、吴时来、李一瀚等一批仙居籍御史监察官都有着很深的渊源。

（详见《草鞋御史王存忠》等）

碧栖堂书院

南宋陈庸年少时在皤滩方氏义塾（即桐江书院前身）就读，“从乡先生方斫游”。后来，陈庸选择在县城南郊环境清幽、山黛水绿的南峰山建碧栖堂书院教育门生子弟，堪称桐江书院办学模式被借鉴推广的一次成功尝试。

陈庸将程朱理学的许多理论著述列为必读科目，将白水先生刘勉之编纂的学术著作作为范本，并着手自编碧栖堂书院校本教材。这份教材带有鲜明的理学思想印迹。

碧栖堂书院在历代《仙居县志》中有相应的记载，在当地培育造就了一批出类拔萃的青年才俊。

（详见《清慎传家陈庸》）

蓼溪书院

明世宗嘉靖年间，任江西南康知府的吴炳庶在“仙居县西三十里田市之南”建蓼溪书院，“延名宿以训其乡之子弟”。

后来，吴炳庶在云南按察副使任上，深明形势，不愿与严嵩等人共事，上疏自请退休。回来之后，吴炳庶并不满足于饮酒吟诗的生活，一边主持修缮族谱，一边教育诸子孙读书，培养家族青年俊彦，并以此为乐。当时人称，其乐胜过五柳先生。

（详见《云南按察副使吴炳庶》）

郭氏五龙

地方志记载，南宋郭晞宗“教子甚严”，“一门竞秀”，“皆以文行，自将其志节，声闻在人，弗可掩也，乡人号曰‘五龙’云”。五个儿子均为显宦，人称“郭氏五龙”。

郭家长子郭森卿，曾任夔州通判。次子郭明卿，曾任抚州通判。三子郭垚卿，曾任浙东兵马都监。四子郭嘉卿，曾任工部侍郎，创办冲庵书院。五子郭磊卿，曾任严州通判、右正言。郭磊卿是小儿子，也是最负盛名的一个。

“郭氏五龙”显示了郭家人才培养模式的成功，也印证了郭氏家风家教的重要性。

（详见《清如冰玉郭晞宗》）

鲍鱼熏室

明代卢明章在京城担任行人司行人，其妻张氏几乎是足不出户，端坐家中料理家事。一日驿使送来一个包裹，碰巧卢明章因公事外出，就一直没有打开。

卢明章两个多月后回家，闻到一股臭味，打开包裹一看，方知道是一位文友从海岛寄来的几个鲍鱼，已经高度腐烂。卢明章问起缘由，张氏回答：“我不识字，不知道是啥东西，你是朝廷官员，我不知道该不该收。”卢明章感叹道：“古有羊续悬鱼臭门，今有贤妻不拆包裹，鲍鱼熏室。立当内室坚挺，无可趁缝隙。”

（详见《心怀苍生卢明章》）

郁林片石

相传汉朝末年，吴郡陆绩为郁林太守，罢官回家时没有什么财物。因为船轻难以渡海，便取一块大石装在船上，回到吴郡后，就将这块石头弃于娄门野外。唐时陆龟蒙居住在临顿里，门外就是这块石头“郁林石”。明时巡按樊祉又移石建亭，题名为“廉石”，比喻居官清廉。

明代王存忠担任镇江知府时，“操守廉洁，政治循卓”，其清廉风范有口皆碑。后来，吴时来往返镇江府，因缘际会了解到王存忠清廉为官轶事，深为折服，赞叹王存忠这位仙居籍御史乡贤“有郁林片石之风”。

吴时来点赞王存忠“有郁林片石之风”，点明的是“廉为官”三字准则。

（详见《草鞋御史王存忠》）

张公堰

江西丰城有二十三条河溪，主溪有条张公堰，其命名就是为了纪念当年张俭为民治水的功德。

明代，张俭在工部都水司任职期间，适逢江西连年水灾，朝廷便派张俭出任江西佥事，监督治水。张俭治水有方，卓有成效，从此丰城河道畅流，旱涝无灾。

史载：张俭“出为江西佥事，丰城水溢，亲行视筑堰，以杀其患，民歌之，名为张公堰”。

（详见《超群拔俗张俭》）

洗面井

明代林应麒家后门有块巨石，状如乳牛。巨石有岩缝，缝里出泉水，长年不枯，人称“洗面井”。乡邻认为这是龙眼，方圆十里风水尽垂于此。

林应麒考取进士，启程之前，其父林谦将他叫到洗面井前照照面容。父亲语重心长交代儿子：“做官为百姓，自古贪官最可恶，做得廉官，祖上烧了高香。”

林应麒在仕途上一路慎行，牢记其父在洗面井前的教诲，事事处处以“廉”洗面。史载林应麒担任惠州府同知时“以廉干闻”，担任金溪知县时“与物不染”。

（详见《嫉恶如仇林应麒》）

小西湖

南宋乾道五年（1169），吴芾以龙图阁直学士致仕，归隐乡里，自号湖山居士，与陈庸等人办义庄、义学、义冢，“平粜施粟，散给药棺，加惠邻里”。此外，吴芾还在石井溪一带修建十里仙居西湖，又名小西湖，与父老乡亲同享美景。

小西湖按照南宋杭州西湖的规模与式样，集防洪、灌溉、景观于一体，位置在今官路镇北岙坑与永安溪交叉口的湖山、乌眉潭一带，分里西湖与外西湖，里西湖在今乌眉潭一带，外西湖在今增仁与叶沙田一带。

《台州府志》记载小西湖有“十亭十榭”，湖岸桃红柳绿，湖里碧波荡漾。淳熙九年（1182），南宋理学家朱熹曾来仙居西湖拜访吴芾，登临揽胜，品茗高吟。

（详见《正气凛然吴芾》）

迎晖门

明代嘉靖年间是仙居多事之秋，倭寇的十多次侵扰使得县城不堪负担。

仙居石城基本定型，是在抗倭战事胜利后。在石城建成后，官方还对开设的五门和城楼（除南门外，东、西、北三门建了城楼）进行了命名，其中东门叫“迎晖门”，城楼叫“启明楼”。

迎晖门和一个人的名字紧密相连——应存鲁。嘉靖三十五年（1556），仙居县将原来的土城改建为石城，新筑的城池比原来的土城大得多、高得多。由于工程浩大，“邑藏为空”，以至于无力修建迎晖门。应存鲁倾其家产，“慨然出数千金”，慷慨凑出数千两银子，独力修缮迎晖门，后来一度家道中落。

（详见《鹤庆通判应存鲁》）

宵旰忧劳

嘉靖三十七年（1558）三月，吴时来奏本《乞察奸邪疏》，列举大量事实弹劾严嵩贪赃枉法、祸国殃民，坦陈“若不去嵩父子，陛下虽宵旰忧劳，边事终不可为也”，意为假如不铲除严嵩、严世蕃父子奸党，尽管陛下夜以继日，以身作则，勤政爱民，励精图治，但边疆海域永远难以安宁。结果，吴时来被打入大牢，严刑拷打后被谪戍横州。

吴时来上疏斗奸虽然失败，但他的《乞察奸邪疏》已成流传千古之檄文，并载入《明史》。吴时来在《乞察奸邪疏》奏折中，巧用笔墨将“宵衣旰食”“忧心如焚”“劳苦劳碌”等词语精巧组合成“宵旰忧劳”，用以比喻皇上殚精竭虑，勤民听政，异常劳苦。

（详见《左都御史吴时来》）

身后识方干

唐代桐庐人方干赴京赶考，成绩优异，却由于兔唇缺陷落第。左拾遗孙郃上疏皇帝，批评朝廷以貌取人的做法。

因为孙郃的上疏直言，方干怀才不遇一事激起后世巨大反响。时人评方干诗曰：“江之南无人与之及者。”罗隐《题方干诗》曰：“九霄无鹤板，双鬓老渔舟。”贯休《赠方干诗》曰：“盛名与高隐，合近谢敷村。弟子已得桂，先生犹灌园。”清代文学家、思想家袁枚在《随园诗话》中评论方干：“贫归故里生无计，卧病他乡死亦难。放眼古今多少恨，可怜身后识方干。”

后来“身后识方干”作为一条成语收入《成语词典》，比喻人才生前无人赏识，死后才被重视。

（详见《左拾遗孙郃》）

六贤祠

《台州府志》记载，南宋时期，在文庙西庑，祭祀通判蒋旦、特进陈庸、龙图吴芾、待制郭磊卿、侍郎郑雄飞、县尉吴谅。其中有四位贤达担任过御史监察官。

（详见《仙居“御史故里”简史》）

附录二

古代仙居籍监察官员姓氏源流和牌坊

仙居吴氏源流

吴姓始祖源自姬姓，是轩辕黄帝后裔。

吴全智于唐昭宗年间（889—904）迁居乐安下砾村（今吴桥村），为乐安吴氏之始祖。

全智传十一世孙栝、椿。栝为东宅（厚仁）始祖；椿迁居高迁为西宅始祖。栝、椿子孙繁衍，分别聚居在厚仁、高迁、吴桥、田头、后里吴、西周、石壁、下湾、东洲、上东山、长塘、西里、后垟、金店、白塔、前垟、上叶、良潭、居岙、新屋、岩塔头、田垟吴、水各、后湖、后项、云头杜、王山上、杨硑头、井头垟、碗厂、陈毛坑、蔡坎头、大柿岙、后汪、岩湖、西山、董岙、垟庄、下油、洪坑、下岸、上吴、大加、新罗、大榉垟、黄梁陈、后塘、岭下等地。

折桂坊

《赤城志》：在县南五十步，以吴给事芾兄弟中第，故名。

《顾志》[1]：吴芾、吴谦、吴咏、吴浚、吴津、吴瓖。

《郑志》[2]：嗣后毁，复标榜于柴巷口。

历朝科甲坊

《郑志》：在厚仁。为梁吴全智，宋吴芾，明吴荣贺、吴荣泰、吴炳庶、吴时来、吴时骥建。

1 即《万历仙居县志》。

2 即《康熙仙居县志》。

维特国是坊

在郡城。为都察院吴时来立。圮久。

内台总宪坊

《郑志》：在县东。为左都御史吴时来建。

按：即今都宪坊，县西，非东，光绪九年吴氏族人重建。

大谏议坊

《郑志》：在县西。为给事中吴廉建。圮久。

仙居陈氏源流

陈氏出自妫姓，属于以国为氏。

仙居陈氏即出自颍川郡，奉陈珍第十世孙陈实为始祖。

陈实，字仲弓，号太邱，谥号“文范先生”，出生在河南长葛县东古桥乡陈故村。唐宋时期，陈实后世子孙共计有六支陆续徙居仙居，为仙居湫峰陈氏、七里陈氏、车门清口园陈氏、皤滩陈氏、黄梁陈陈氏、东门陈氏的始迁祖。此后，陈氏子孙人丁兴旺，散居仙居各地，故有县内“十里不断陈”之说。

车门清口园陈氏奉陈实第二十七世孙陈大郎为始迁祖。据宗谱记载，陈大郎自永嘉来仙居省亲，入赘三十二都坑陈家岙，裔孙发展至岩后、圣塘、上门楼、下门楼、下垟、黄桥、马加坑、三亩田等地。

状元坊

《赤城志》：在县南一十步，以陈正大魁武科，故名。

《郑志》：旧在县前西街，为武科右科陈正大、左科张会龙建。

青云坊

《郑志》：在县南，为陈庸、陈章建。

仙居郭氏源流

仙居郭氏属于虢国郭公之后裔，唐代时有中兴名臣郭子仪。安史之乱平定后，郭子仪后裔避难迁居浙江衢州、金华一带。

五代十国时，有郭仲斌为永安镇都监者，始居仙居，为仙居郭氏始迁祖。郭仲斌所居地在县治西一里，死后亦葬于是处，故其地名曰西郭，即今西郭垟花井栏一带。

其后，郭氏子孙日盛，多居县南五里之船山，即今船山村。目前，郭氏居仙居县内者，有船山、郭岩两派。

正谏坊

《郑志》：一在县东街，为右正言郭磊卿建。

友于坊

《郑志》：在县西。为郭垚卿让荫于弟磊卿建。

仙居顾氏源流

仙居顾氏源自越王勾践之后，史称“南顾氏”。

据《怀仁顾氏谱》载，汉献帝时曾在今湖南省溆浦南、湖北省西南部、贵州省东部及广西三江一带设置了武陵郡。越王勾践后裔顾余候的部分子孙自江苏、浙江一带徙居武陵，故以武陵为郡望。自三国至隋唐，原居住在江浙一带的顾氏开始崛起，成为当地的望族。

怀仁顾氏奉五代十国时的顾思宗为始祖。顾思宗原居江苏无锡怀仁乡，后周显德二年（955）被敕封为浙东防御使；其子顾立本，字垂绪，号肇仁，随父来浙，游历仙居，遂卜居在县城的东面，成为仙居顾氏的始迁祖。又因为无锡有怀仁乡，故顾立本仍循其旧，名其所居乡里为怀仁。

谏垣坊

《郑志》：在怀仁。为大参顾宏潞建。

《顾志》：大参作给事中。

仙居戴氏源流

戴氏为殷商遗民之后裔。

仙居戴氏，其先为福建人。

南宋绍兴年间，有戴明德任侍御史，隐居太平南圹多年。传至第九世戴雍，年老致仕，路经仙居苍岭，见其地淑气清佳，遂率其子筑室以居，即现今横溪镇苍岭坑村。

故仙居戴氏以苍岭坑村为发祥地，转徙至县内镇头、后里、长埂、下洪等村。

翰台坊

《顾志》：（为）庶吉士监察御史戴弘演（建）。

《郑志》：在五都戴村。圮久。

仙居李氏源流

李氏的源流众多，历代的姓氏书以出自帝颛顼为正统。

仙居李氏分管山、李宅东西二支，但皆奉唐李氏为宗。管山李氏于唐末迁入仙居，奉李道古为始迁祖。据《管山李氏宗谱》载，李道古为唐太宗李世民十四子曹王李明的玄孙李皋之子。

李宅李氏则于南宋初年迁入仙居，奉李朴为始迁祖。据《乐安李氏宗谱》记载，李朴，字守贞，号盘谷，为苍坡李氏第六代裔孙。宋高宗建炎初年，李朴和儿子李彻为避乱一起离开苍坡，定居在仙居县赤石山谷。“赤石”即后来的李宅村。在迁徙仙居的时间上，管山李氏比李宅李氏早三百多年。

历史上，仙居管山、李宅两支李氏曾“各祖其祖，各设谱牒”。李宅之李与管山之李事实上可能是“异枝而同根”，同为“唐室天潢”。1933年重修谱牒时，管山与李宅历经九百多年后终于进行了合谱。

总宪坊

《顾志》：作台宪坊，（为）副都御史李一瀚（建）。

《郑志》：在十（七）都李宅。

仙居林氏源流

仙居林氏为殷商比干遗裔，奉林任为始祖。

林任为唐朝人，世居福建长溪。据《断桥林氏宗谱》记载，唐乾符年间，为避黄巢之乱，林任从福建长溪迁到浙江平阳盖竹，又从平阳盖竹迁到黄岩，再转迁到仙居留程桥。留程桥即现今的断桥，因修桥时屡修不就而得名。

林氏自迁入仙居后，人丁兴旺，以断桥为发祥地，计有月岭、林坝塘、岭脚、上林、前塘、上丁、木口、宝藏岙、溪岸林、豆岙等世系，一百余个林氏聚居村落。如西乡埠头的里林，据传说林氏的“烟灶”曾达五百户，山枣亦为林氏聚居的大村落，故曾有“山枣府，里林县”之说。

攀龙附凤坊

《郑志》：在断桥。为进士林应麒建。

仙居卢氏源流

卢氏，系出西周齐国姜太公后。

第六世卢琰公原居永嘉，后随岳父归缙。宋元丰戊午年（1078）第七世虔文公自缙云迁仙居县方山，为仙居方山卢氏始祖。

柏台坊

《顾志》:（为）监察御史卢明章（建）。

《郑志》: 在峡洋。

仙居王氏源流

仙居王氏盖有几大源流。

一是东门赵王。据《赵王合谱》载：东门王氏系起于南宋嘉熙年间（1237—1240），安徽滁州知府陈侊（仙居人）招江阴籍参军赵伓夫为女婿。赵是宋室宗亲后裔，即赵匡胤四弟赵匡美第八代孙。陈侊年近七旬告老还乡，赵伓夫随岳父回仙居，侍奉老人，并继承陈氏遗产，但赵伓夫仍号赵姓，成为仙居赵氏之始祖。至第三世若愚生有四子。时与东阳籍王庚甫为至交。王庚甫因无后常感忧郁而凄凉，若愚让幼子嗣宗出继王家，子孙繁衍皆号王姓。现聚居于城内、东岭下、石牛、下路堂、坑口、圳口、赵家垟等。

二是秀溪王氏，始迁祖维宏兄弟五人，随父从德自山西太原迁至钱塘施水清水巷，后又迁至黄岩宁溪，南宋末年又转迁至仙居秀溪（即今上王村），后来子孙繁衍，散居在官屋、方山岭、江上、岩前、丰田等地。

三是万竹王之王氏，来自临海，以万竹王、董坑、仁庄为主要聚居地，始祖为王思明。

宪台坊

《郑志》：在十一都万竹王，为御史王存忠建。

按《顾志》：作柏台（坊）。

大文宗坊

一在县东，为提学王纯立。

仙居张氏源流

仙居张氏亦源流诸多，盖有西张、东张、南张和南楼张之分。

西张与东张本同支而异谱。据《邑西张氏宗谱》载：南朝梁武帝时（502—549）有张云贞人任始丰（位于今天台）县令，定居天台。传十五世文伏，入山西太原刺史，与同僚别驾金汝玉（仙居板桥人）契交。金以女许配文伏次子成舄为妻。因金无子，文伏子入赘于金家，携眷移居，遂为乐安邑西张氏，亦称西张。成舄续娶市桥袁氏，生三子，长子信，次子仅，三子侣（早逝），并携眷移居市桥。数年后，再卜居城东二十里夏张（下张），成为东张。

故西张和东张皆奉张文伏为始迁祖，时间大约在五代十国后唐时期。自八世后开始分支，分别居上官、虎坦、碧丹岩、支埠头、前应、岭下张、三桥、岭脚、十都英、米坑、上张、横溪下街、三枣园等地。

仙居南张以唐张九龄为祖上名人，奉张肇为仙居始迁祖。据《乐安张氏宗谱》载：先祖张怀谅，系曲江九龄公之后裔。传三世彬，避闽乱，由闽徙居温州永嘉张溪。孙肇徙居仙居二十都桐峰（今大张村）。

状元坊

《郑志》：旧在县前西街，为武科右科陈正大，左科张会龙建。

正谏坊

《郑志》：一在西南街，为右正言张次贤建。

少方伯坊

《郑志》：在县西南。为左参政张俭建。

仙居应氏源流

西周武王四子韩封于应，自宋若、虚伯二人起号为应姓，地在汝南。

韩传四十五世生詹，詹字思远。西汉元帝时（前48—前33）以义勇立功，拜观阳侯、镇南大将军，南渡为江南应氏。詹子元公在永康官田落户，即为永康应氏始祖。北宋乾德年间（963—968），第八十世孙节岩徙居厦阁（今下各）。

应姓人的聚居点较为集中，如下各村、双庙村，但也有部分由下各迁至十都英（原为王宅）、后应、寺前、茶溪、前应、新屋、岭下、前垟、马大仁、下应、里基岙、坑口六、肖垟、上应等村。

两朝三赐存问坊

《郑志》：在郡城。为百岁尚书应大猷建。

父子兄弟进士坊

《郑志》：在税务巷口。为应大猷、应大桂、应存性、应存卓建。

司寇尚书坊

《郑志》：在厦阁（下各）。为应大猷建。

天官尚书坊

《郑志》：在厦阁（下各）。为应大猷建。

宪藩坊

在厦阁（下各）。为应大桂、应存性、应存卓建。

世进士坊

在厦阁（下各）。为应大猷、应大桂、应存性、应存卓、应存初、应朝卿、应汝化、应世科、应鸣时建。

仙居尹氏源流

仙居尹氏望出天水，源出周官尹吉甫。

唐末，有尹文荣为处州刺史，寓居在龙泉尹应村。其弟尹文高为避五代战乱，经天台往临海涌泉之九峰定居。历三世迁居临海中岙。历六世有尹汝元定居仙居一都安仁（今安岭），其为仙居尹氏的始迁祖。

两宋之际，尹氏成为仙居一都的大族。而后，尹氏开始修建宗祠、宗谱，并购置田地为每年宗族祭祀提供资费。每年的春节后三日，尹氏家族的祭主会扫净宗祠，整理执事，请各长上老成者省牲，书会祭文榜张贴于宗祠大门，之后举行隆重的宗族祭祀活动。

乡进士坊

《顾志》：为通判尹彦建。

附录三

古代仙居籍监察官员文苑

宋史·吴芾传

吴芾字明可，台州仙居人。举进士第，迁秘书正字。与秦桧旧故，至是桧已专政，芾退然如未尝识。公坐旅进，揖而退，桧疑之，风言者论罢。通判处、婺、越三郡。知处州。处旧苦丁绢重，芾损之，以新丁补其额。

何溥荐芾材中御史，除监察御史。时金将败盟，芾劝高宗："专务修德，痛自悔咎，延见群臣，俾陈阙失，求合乎天地，无愧乎祖宗，则人心悦服，天亦助顺矣。"上韪其言。迁殿中侍御史。

两淮战不利，廷臣争陈退避计，芾言："今日之事，有进无退，进为上策，退为无策。"既而金主亮毙，上疏劝亲征。车驾至建康，芾请遂驻跸，以系中原之望，高宗纳其说。会有密启还东者，下侍从、台谏议，芾言："今欲控带襄、汉，引输湖、广，则临安不如建康便；经理淮甸，应接梁、宋，则临安不如建康近。议者徒恍一时扈从思归之人，非为国计。臣恐回銮之后，西师之声援不接，北土之讴吟绝望矣。"又言："去岁两淮诸城望风奔溃，无一城能拒守者，此秦桧壅塞言路、挫折士气之余毒也。能反其道，则士气日振，而见危授命者有人矣。"

知婺州。孝宗初即位，陛辞，陈裴垍对唐宪宗"为治先正其心"，以为临御之初，出治大原，无越于此。上嘉纳。至郡，劝民义役。金华长仙乡民十有一家，自以甲乙第其产，相次执役，几二十年。芾舆致十一人者，与合宴，更其乡曰"循理"，里曰"信义"，以褒异之。

知绍兴府。会稽赋重而折色尤甚，芾以攒宫在，奏免支移折变。鉴湖久废，会岁大饥，出常平米募饥民浚治。芾去，大姓利于田，湖复废。

权刑部侍郎，迁给事中，改吏部侍郎。以敷文阁直学士知临安府。内侍家僮殴伤酒家保，芾捕治之，徇于市，权豪侧目。执政议以芾使金，复除吏部侍郎，且议以龙大渊为副，芾曰："是可与言行事者邪？"语闻，得罢不行。下迁礼部侍郎，力求去，提举太平兴国宫。

时芾与陈俊卿俱以刚直见忌，未几，俊卿亦引去。中书舍人阎安中为孝宗言二臣之去，非国之福。起知太平州。造舟以梁姑溪。历阳筑者久役溃归，声言欲趋郡境，芾呼至城下，厚犒遣之，而密捕倡乱者系狱以闻，诏褒谕。知隆兴府。

芾前后守六郡，各因其俗为宽猛，吏莫容奸，民怀惠利。再奉太平祠，屡告老，以龙图阁直学士致仕。后十年卒，年八十。尝曰："视官物当如己物，视公事当如私事。与其得罪于百姓，宁得罪于上官。"立朝不偶，晚退闲者十有四年，自号湖山居士。为文豪健俊整，有表奏五卷、诗文三十卷。

明史·吴时来传（节选）

吴时来，字惟修，仙居人。嘉靖三十二年进士。授松江推官，摄府事。倭犯境，乡民携妻子趋城，时来悉纳之。客兵犷悍好剽掠。时来以恩结其长，犯即行法，无哗者。贼攻城，骤雨，城坏数丈。时来以劲骑扼其冲，急兴版筑，三日城复完，贼乃弃去。

擢刑科给事中。劾罢兵部尚书许论、宣大总督杨顺及巡按御史路楷。皆严嵩私人，嵩疾之甚。会将遣使琉球，遂以命时来。三十七年三月，时来抗章劾嵩曰："顷陛下赫然震怒，逮治偾事边臣，人心莫不欣快。边臣朘军实、馈执政，罪也。执政受其馈，朋奸罔上，独得无罪哉？嵩辅政二十年，文武迁除，悉出其手。潜令子世蕃出入禁所，批答章奏。世蕃因招权示威，颐指公卿，奴视将帅，筐篚苞苴，辐辏山积，犹无餍足。用所亲万寀为文选郎，方祥为职方郎，每行一事，推一官，必先禀命世蕃而后奏请。陛下但知议出部臣，岂知皆嵩父子私意哉。他不具论。如赵文华、王汝孝、张经、蔡克廉以及杨顺、吴嘉会辈，或祈免死，或祈迁官，皆剥民膏以营私利，虚官帑以实权门，陛下已洞见其一二。言官如给事中袁洪愈、张墱，御史万民英亦尝屡及之。顾多旁指微讽，无直攻嵩父子者。臣窃谓除恶务本。今边事不振由于军困，军困由官邪，官邪由执政之好货。若不去嵩父子，陛下虽宵旰忧劳，边事终不可为也。”

时张翀、董传策与时来同日劾嵩。而翀及时来皆徐阶门生，传策则阶邑子，时来先又官松江，于是嵩疑阶主使。密奏三人同日构陷，必有人主之，且时来乃惮琉球之行，借端自脱。帝入其言，遂下三人诏狱，严鞫主谋者。三人濒死不承，第言“此高庙神灵教臣为此言耳。”主狱者乃以三人相为主使谳上。诏皆戍烟瘴，时来得横州。

隆庆初，召复故官。进工科给事中。条上治河事宜，又荐谭纶、俞大猷、戚继光宜用之蓟镇，专练边兵，省诸镇征调。帝皆从之。抚治郧阳。佥都御史刘秉仁被劾且调用，时来言秉仁荐太监李芳，无大臣节，秉仁遂坐罢。帝免丧既久，临朝未尝发言，时来上保泰九劄，报闻。寻擢顺天府丞。

隆庆二年拜南京右佥都御史提督操江。移巡抚广东。将行，荐所属有司至五十九人。给事中光懋等劾其滥举。会高拱掌吏部，雅不喜时来，贬云南副使。复为拱门生给事中韩楫所劾，落职闲住。

万历十二年，始起湖广副使。俄擢左通政，历吏部左侍郎。十五年拜左都御史。诚意伯刘世延怙恶，数抗朝令，时来劾之，下所司讯治。时来初以直窜，声振朝端。冉遭折挫，沉沦十余年。卒。赠太子太保，谥忠恪。

古灵祠记

张　俭

先生，侯官人。宋庆历八年令于兹，后改河阳。熙宁中，受知神宗，仕至枢密直学士。先生道以自任，德以化民，文以名世，忠义以忤权奸、安善类。迄于今，流芳简册，脍炙人口，予无容喙。邑人初祠先生于乡贤，允未称祀典。闻朱子登福应，览南峰之胜，曰：“宾主尽东南之美。”

盖二山为邑门户，所宜壮观。弘治间，乡大参王公诚之倡议，前令李克常建朱子祠于尽美亭，南峰犹萑莽也。正德丙子，予与节推王民望乃商先生之祠于其上。民望曰：“畴服予采？”予曰：“六人者义可使。”民望曰：“畴若予守？”曰：“山古刹废田可耕，老僧宗序居之。”民望喜，力主议。越岁丁丑，六人徐翰、张檝、朱坚、张焍、张燀、王信圭相成。栋宇既新，宗序又营别业，誓守二祠，时葺勿废勿亵，焕乎东南之美也！未几，民望擢刑曹，行且请余记其事。呜呼！七世之庙，可以观德。令于民若父母，父母之欲利子也，罔弗殚力矧仇敛以伤之；子于父母，久而替其祀，非孝也！先生以子保民，民之祠先生，岂非宜哉？虽然，予邑自晋永和置县，县置令，由永和而庆历、由庆历至今，凡千三百有余年、三百有余令，未闻有祠，民岂私于先生哉？先生之后，有令刘光者，民怀惠而畏威；有尉徐默成者，遭吕师囊乱，力战死，民亦罔祠。其功德浅深可概见矣！予故录始末，以属今令曹南岗，使砻之石，或亦相与嗣其美。

乞驻跸建康疏

吴　芾

臣闻自古王者必据要会以固根本，而建康者，王气所钟，龙盘虎踞，六朝建国根本之地，其江山之雄、原隰之广，控带荆扬，引输江汉，咫尺两淮，应接四川，是为形势之冲，非若临安之僻在一隅也。

陛下往年以强敌侵扰，淮甸未宁，仓猝南渡，且于临安驻跸，盖非择而取也。其后和好既定，姑务休息，因循定居，不复迁徙。今者逆亮灭亡，天开兴运。陛下亲御六飞，幸临建康，以图进讨。不惟上合天时，下得地利，又适中机会，允协人心。盖以北土之民讴吟未改，一闻大驾临江，知陛下为恢复中原之举，想其延颈举踵，日徯来苏。今千乘万骑，纵未能即还上都，讵可不少驻建康，图回经理，以系其望乎？昨闻有旨：增葺宫室，创造营寨。臣固知陛下必为盘薄之计矣！

今行殿既已粗修，三省六部亦已粗备；有众之从行者，又复皆有庐舍，亦可即安矣；营寨既成，兵卫家属有所栖息，亦无复归念矣。惟是，远近之人未知圣意所在，妄谓大驾视师，必不久住，故州县之应辨濒次者，日俟回銮；舟船之泊于镇江者，不敢放散。而一行官吏兵卒，犹给在路钱券，其费不赀，徒耗国用。愚欲圣慈特下驻跸之诏，明告中外，使知陛下不忘经略中原之意，则人心安而国是定矣。

开言路疏

李一瀚

臣闻人君之治天下，如心之管摄一身。人身之动作出入，苟非耳目以视听于先，则不知趋夷避险，去危即安，以致颠蹶踣躄，匪独危其身，而心亦愚矣。然则人君之治天下，其可须臾而无耳目之助乎？科道者，朝廷之耳目也；内而府部，外而藩司，下逮州县，远而戎夷，乃朝廷之四肢百骸也。其百官之贤否，地方之利病，生民之休戚，乃四肢百体之疾痛痒疴也。人君者以科道而察天下之贤否、利病、休戚，犹以耳目而察此身之疾痛痒疴也。故耳目须臾而不用，则心昏而无知；科道须臾而不用，则下情壅而不闻。

古之圣帝贤王深识此理，所以有谤木之设，诤臣之置，钟鼓磬铎鼗之陈，史瞽舆工之谏，以求天下之言者如此其切。而于其有言也，或拜以受之，或嘉以纳之，或改容以听之，或爵禄以赏之，以诱其言者又如此其至，未尝敢以其切而谴怒之者。此所以下情无微而不达，上德无细而不宣，盖耳目用而身安之效也。迨乎后世，愚君暗主，纵欲妄动，拒谏饰非，无所不至，或言而不听，或听而不行，或摘其小失而置之法，或怒其切直而下之狱。由是诤臣杜口结舌，而国之若否置之不问，遂以危亡者何限？此不用耳目而身危之理也。

我太祖高皇帝深览远古之踪，近鉴前代之失，特设六科给事中、十三道御史，以司察其贤否、休戚、利病。成祖文皇帝建北台，亦不废南都之科道，凡以使两京互察，纤微必闻之意也。何陛下即位以来，屡罪言者，触讳即擒拿棰杖，其即时致死者，十有五六。其有幸而复生者，则或禁诸犴狱，或摘之下僚，或编氓口外，遣戍边庭，所以钳科道之口者矣，无所不用其至！夫此辈受陛下知遇，简拔言路，方将图报殊恩，是故有言而不讳也。陛下于言者，则置以重罪，官职削黜，身命不保；其不言者，则得以苟容，延历资俸，超迁美官。是陛下所喜者不言也，所怒者言也，则谁肯触陛下之所怒，而不投陛下之所喜耶？夫设官以谏而使之不谏，任职以言而以不言为称，是何昧设官之初意也？如是耳本以听而塞之使聋，目本以视而蔽之使盲，然则何用其目为哉！养奸习偷，遂以成风，近日以来，居科道者，或搜讦小事以塞责，或泛论迂缓以免祸，至于国家之大典礼，相臣之大奸恶，生民之大利病，一切不敢以闻，徒有相与腹诽而已。如数年之间，九庙迄为煨烬，视天之怒陛下而不言也；阴谋起于萧墙，视人之怨陛下而不言也；北虏屡扰，边境不宁，视夷狄之侵陛下而不言也；琉璃乔宇，土木不止，视左道之惑陛下而不言也；公卿将相贿赂公行，藩司郡县贪酷无忌，视群臣百僚之欺陛下而不言也；耽嗜神仙，道冠道服，滥爵异流、匠官、道官，视天下后世之叹陛下而不言也；在廷诸臣苟有志行高洁者，则相引去，视人心之离陛下而不言也；忘国大难以为安，玩其致亡以为存，视诸臣之误陛下而不言也。日甚一日，则异日脱有奸雄睥睨神器者，亦将不敢言也！长思却顾，可不为寒心哉！

伏惟陛下远慕圣帝贤王之风，近法太祖、成祖之迹，复开耳目之司，广辟聪明之路，已前获谴系狱者，速为释放，仍复旧官；谪戍者，敕使取回，重加赏劳；因忠言而杖死者，荫其子孙以示褒奖；缘说直而降官者，破其资格，不次升迁。则不惟科道得以尽忠正谏，而诸臣有所见闻，亦得以直言无隐矣。所以回人心以光治道，若天意以永国祚，端有在于此。斯言也，夫人知之，夫人能言之，能言之而卒莫敢以闻者，谓批逆鳞以求珠，几何能保其身？是以宁隐忍以保禄尸位。有臣如此，陛下将焉用之？陛下能察其情之所不能已，优容嘉纳，则犯颜直谏之臣至矣。自古帝皇莫不以闻过而兴，禹汤是也；莫不以讳过而亡，桀纣是也。陛下有尧舜之资，乃不法禹汤之圣，而袭桀纣之迹，此臣之所未解也。愚臣狂瞽之见，冒昧上闻，不知其万分有一能裨于圣明否？陛下倘赐采纳，天下幸甚！国祚幸甚！

乞察奸邪疏

吴时来

臣连日伏睹圣明以边事为急，将各误事之臣究问，大小臣工无不钦凛。昔舜诛四凶而天下咸服，文武一怒而天下举安，正圣明今日之谓也！夫边臣掊克军饷以饵执政之臣，其罪何辞？至若执政之臣与之交结通行，上欺仁主，下坏边防，揆厥所由，其罪惟均。若不一并究治，恐病根不除，久必复发。

臣待罪谏垣，有闻而不以告，是上负天子也！臣闻四方多垒，士大夫之耻也！宋臣吕蒙正，尚以四方无事、要荒宾服，自卜相业之尽。人问其故，以为“我无他能可见，惟为国求贤，使义武各称其职而已”。

今大学士严嵩辅政已二十年，若谓文武进退悉由吏、兵二部，则辅臣不宜侵其事。今概侵其事而引用匪人，以致蠹国害民，边事日炽，谁之过欤？嵩年已老，智虑精神大不如前，位极志满，无所他望，惟黩货之心不自餍足。私令其子世蕃人直，托言书写，干预国政。拟票揭帖，书写出其手，旨意未下，先已传播人口；世蕃亦每先示人，不自少避。嵩曾对臣言：“小儿之意如此如此。”臣谓圣天子在上，万机独断，即有谋及宰辅，嵩应竭其愚，不应谋及其子；世蕃以辅臣之子，自当谨身避嫌，不应窥觇机微、招摇权势，明以市私恩欺人于外也。滥引伊亲万宷为文选司郎中、方祥为职方司郎中，彼此为奸，贿赂公行。二部推一官、覆一事，必禀白世蕃，而后敢推敢覆，何曾有思报之心，论其人之贤否、事之是非，助其义以忠于君上哉？不过视其所入之多寡而已。即论赵文华，嵩所引用也。征南回时，将银二万两帐床送与世蕃，婢妾二十七人各金玉首饰一付，世蕃犹以为未足。文华告病疏章，即世蕃为之，若非圣天子在上，则文华且驰驿荣归矣。张经之被诛也，将银五千两送与世蕃求救。及其不免，止将银五百两送经弟张中洲，名曰“路费”。夫经，朝廷之罪人也！若非生前重受贿赂，死后何为赠以路费乎？若非圣天子在上，则经且保首领矣。王汝孝苏州失事，将银三千两央检讨梁绍儒送与世蕃，止问军罪。当给事中袁洪愈劾去绍儒时，畏世蕃不敢言耳。蔡克廉一升淮阳巡抚，即行吉安府，将银三千两送至其家。赴淮数月，贼势方急，克廉升户部侍郎。去年，给事中张登乞要久任，盖指克廉，未显言之耳。杨顺误国败军，陛下之所知也。何功可录？而三荫其子，既送监读书，又为锦衣卫千户及百户。人言升赏一次，顺共用银三万，方祥以职方承行，亦得二千两；则三万之多，必与世蕃无疑也。臣思圣天子在上，今已洞察其奸矣，必不以荫子之典加顺有罪之人。盖世蕃误嵩，嵩因以误陛下也。吴嘉会修边冒请，陛下之所知也。何功可录？乃加三级而连荫三子乎？人言嘉会将修边银两打造银器五扛，送文华转送世蕃，被尚书方钝面斥其事。今御史万民英劾其钻刺结援，盖其所钻所援，非世蕃而谁？臣思圣天子在上，今已洞察其奸矣，必不肯以荫子之典加嘉会有罪之人。盖世蕃误嵩，嵩因误陛下也。

夫为朝廷弭盗安民，不过文武诸臣也，然而以督抚为尊。朝廷之激劝人心，不过赏罚也，然而以得中为权。今惟贿赂之行可以免罪脱身，可以升官，又可以荫子，亦何难克军民之膏脂以博显荣，而复谁任难事，以为朝廷图久安之业哉？且边事之难，人人知之。若知其难，必自尽其力；不能，则继之以死；又不能，则宜自度罔效，以听其事于朝廷，俱不应掩其莫大之罪，以窃非常之恩。今日升官，明日荫子，欺罔朝廷，一至此极也！今则军民贫困极矣，谋国者既乏长算，又敢私其党类，任其掊克，又酬以恩赏之厚典焉，是幸贼之来以为市也。不亦深可痛哭流涕哉！故今边事之不振，由于军民之困穷；军民之困穷，由于上官之贪墨；上官之贪墨，由于图国之无人。拔本塞源之喻，愿皇上察之也。昔杨溥为相，俱可称述，其子以事受诛，家藏十万金。今严嵩贪污不比杨溥，而世蕃之狠过之。每月二次差人搬运回家，充满道路，络绎不绝，果何所从来乎？万寀、方祥南行，俱各满载，人有万万、方十万之号，其在世蕃又可知矣。

伏乞敕下九卿衙门提正，如果臣言不谬，将嵩放还田里，以立国体；世蕃肆诸市朝，以正天讨，则奸党弊革，内外治严，安攘大业，掀揭古今，而于天下无难治矣。

乞留大臣疏

王　纯

臣闻惟大臣斯能以道事君，惟圣君斯能以礼待臣。待臣以礼，则忠贤效用而邦家以宁；事君以道，则进退有据而勋业以著。圣君必待大臣以成治功，大臣必得圣君以行己志。二者相须虽切，而相遇实难也。切（窃）见少保王恕秉心忠直，操行完洁，究明体适用之学，负经邦济世之才。扬历中外，茂著声绩。职居司马，任专机务。静以镇躁，公以绝私。百凡措置，举慊人心。屡上封章，直陈时事。遭逢圣明，曲赐优纳。

臣谓三代而下，图治纳谏之君，以唐太宗为首称。当时敢谏之臣如魏征者，信任专深，日侍帷幄，上下契合，鱼水情同。征犹数以直言忤意，太宗尤不胜其愤，怒而曰：“会须杀此田舍翁！”向非长孙皇后以“君明臣直”为贺，征几不免。自古忠谏之难，一至于此。恕则列职六卿，比之魏征，实为疏远。数犯逆鳞而不顾者，是岂轻视身命而然哉？仰知陛下能察其情、能容其直故也。中间如论创大镇国永昌寺及林俊、张黻调官一事，陛下果因其言罢盖寺之役，复俊、黻之官。以此而观陛下之听谏，殆与大禹同符，符唐太宗将拜下风。恕之敢言者，岂非陛下有以启之哉？近吏部缺，群臣佥举恕与耿裕。是二人者，人望所归，天下公论。今用耿裕而不用恕，盖以裕练习选法，擢用为宜；南京重地，非恕不可。命下之日，圣意所在，不言而喻，中外交庆，以为一举而两得矣。数年以来，恕以年老，屡乞致仕，节蒙恳留。若恕之事陛下，可谓以道而得进退之宜；陛下之待恕，可谓以礼而获忠贤之用。明良相遇，近古未有。

今者传闻革去王恕太子少保，着以尚书致仕。群情惊骇，莫测其由。近日不许抄出旨意，臣固不能以知其悉也。夫陛下于恕，礼任素隆，岂忍遽弃耶？昔庄助论汲黯于汉武帝，有曰云云，盖近之矣；然武帝之论汲黯，以其“持正敢言，气节之不易及”也。当今持正敢言、气节不易及者，无逾于恕，陛下固已知之深矣。一旦令其致仕者，必恕有以致之；不然，则悯其衰老耳！夫太公兴周，充国佐汉，诗曰：“虽无老成人，尚有典型。”甚言老成之不可弃也！恕虽老成，练达国体，陛下尊而礼之，则民有父母，国有蓍龟，君子有所恃而不恐，小人有所畏而不为。譬如大川、乔岳，不见其运动而功利之及物者不可数计，而固必使之奔走任事而后可哉？昔阳城为谏官，七年不言，韩愈论之，竟不为动，及陆贽之贬，批鳞直谏，诚以贽系天下之望，非他事可比，而不得不言也。况如恕之贤，在朝未有或先之者。其去就，实系天下重轻，岂容轻视而不言哉？往者林俊之去，张黻言之；张黻之去，恕复言之，陛下渐霁雷霆之怒，竟采刍荛之言矣。且恕之为陛下素所礼用信任者，但不言耳，言之宁有不纳而异于往日哉？伏乞特赐宽假，始终以礼，复其爵秩，置之近侍，以竟其用，所以慰万姓之望在此，所以隆圣德之颂在此，所以奠社稷之安亦在此矣。

张正谏墓志铭

叶梦鼎

都谏文肃张公，老成抗节臣也。累朝嘉其忠悃，眷注特隆。且以椒戚姻联，追检实历；于其没也，赐谥赠秩，敕中书省遣使祭葬如礼。卜嘉熙庚子十月吉，窆公于后岭之原；暨今咸淳戊、己间，再饰封茔。其子克岦辈以朱学士德刚所为状，丐铭于梦鼎。梦鼎与公同乡、同志，知公最悉，曷辞？

公讳次贤，字思齐，别号竹坡。裔出天台亭头，徙仙居板桥，再徙市桥。唐中议大夫文伏，即公始徙祖也。高大父止信，中童科，任浙干官。曾大父起遂，隐德。大父勇，业儒名家，称浩然先生。考禅，以公贵，累赠朝请大夫；妣吴氏，赠宜人。

公生颖脱，长益不群。博极诸子百家，靡不得其要綮。为文下笔，数千言顷刻立就，譬之东注下流，浩不可御，然英发豪迈之气，又能表表自见。早领省试，入国学。登绍熙癸丑进士第，通判临安府，进拜监察御史，职司纠劾，务以搏挚为能，公独侍讲经筵，多所启沃。首揭古今治乱之由、国家修短之验，为书二十卷，名《御鉴录》，反复陈说，俾示朝堂。且曰："陛下不熟此，将无以自立，况为天下君乎？"故事：台谏充经幄。而近来日讲者未免因循，公毅然以儒术正君，孜孜不倦。又陈恢复三策，动中机宜，中外传为石画。嘉泰中，仍以右正言兼侍讲，满考，迁谏院左司谏，正色敢言，不避权幸，力劾时相史弥远，章九上。弥远阴嘱同僚止之，公曰："焉有言官反为宰辅作说客耶？"并列其附势不法状。弥远衔之，多方挤排，而公素以忠直为上知，卒亦不罹其害。披肝沥胆，知无不言。在廷方之为殿上虎，其风采可见。周历台院几二十年，裨补朝廷良夥。嘉定辛未，迁殿中侍都御史，朝纲倚重，将大用之，故公力辞不允。越五载，始得家归，暂令展墓三月，随促还京，使命络绎。无何而疾作，遂以左朝请致仕。乃戊寅五月一日卒于正寝，距其生绍兴乙亥二月十六日也，享年六十有四。朝命惜之，赠中奉大夫，谥文肃公。

公生平孝友，处家庭各尽其道，居官廉，居乡厚，迹其操履，人无不啧啧而艳慕者。又能以文章节义启后进，即犹子同甫擢殿元而不屑仕进，盖公有以风之。所著诗文及奏牍、讲章凡十卷行于世。配谢氏，丞相深甫女，于皇太后为姑，封夫人，先公卒。继郑氏，侍郎雄飞女兄，封硕人，后公卒。子男二：长即克峕，谢出，袭公荫，任直秘阁录事，召对内殿，钦赐进士出身；次克嘉，郑出，咸淳戊辰特科。女一：侧室朱出，适建安法事郎吴师旦。孙男二：绍凤、绍宗，皆足世其家。公圹与谢夫人合，赐命凡若干年，今复以郑硕人祔焉，大兴封茔工作。

呜呼若公！可谓死有余荣、久而弗替者，恶可无铭？铭曰：吴山而东，越水攸同。历千百年，笃产令公。立朝峻节，矢心烈烈。凡厥忠贞，卓哉殊绝。载锡之亲，帝室联姻。优渥宠斯，匪止及身。拱木已久，封丘是厚。镌兹芳铭，永垂不朽。

大司寇容庵应公行状

陈函辉

应氏，其先宁海梅林乡人，宋元祐间徙居仙居县夏阁乡。自宋至国朝，世有令人为大谏、县令等官，别有传。至其祖巨生匡，以学行名著庠序，岁贡至京，未受官而卒。匡生司寇公，讳大猷，长兄大经，官学博；次大桂，登嘉靖丙戌进士，任知府。

公字邦升，别字容庵。少时与群儿游，每端坐寡言，不妄嬉戏。与诸兄弟处，怡怡然无所乖忤，事长兄尤谨，有君实事伯康风。母王氏，镇江刺史王公存忠之女。镇江公子若孙若外孙十余辈，独眷爱公，期以国器。任镇江时，独携公往，公时年十四，镇江公朝夕自训诲。至十八岁归家，补弟子员。二十一岁，举正德丁卯乡荐，与同年王激、许相卿同赴国子监，讲周、程、张、朱之学。二十八岁，举正德甲戌（1514）进士，未授官，丁父艰，徒跣扶榇归，哀毁三年，动遵古礼。服阕，除刑部广东司主事。因欲迎养母，告愿改南，补南京刑部湖广司主事。

时值宸濠谋逆，声言径趋留都，人心震动。南京大司马乔白岩宇会九卿议，曰："今变故重大，呼吸关社稷。且事起仓卒，机在斯须，不及题请，循职局，则责在本兵，何辞？但南方承平日久，本兵官属皆循资叙授，非慎选练达以膺大难者。今欲投艰批患，须于留都各衙门内无拘职掌，共推一人当之，方保必济。"于是九卿、台谏推公赴兵部计事，乔公一切战守事宜俱付之公。公于议严斥堠、多诇谍以防奸细，拣军实、振先声以安人心。急遣精兵守皖城以扼敌冲，使不得进。于是宸濠兵至皖城而挫，竟就擒。及叙功，先公，居兵部属官右，钦赏银一十五两。

值康陵南巡，人莫敢谏。公率同志者王萱、田登、王世文、祝品、张峩等抗章，叩行宫力诤。康陵震怒，几致不测，赖辅臣梁文康公委曲救解，得免于难。圣心惭悟，不久回銮矣！随因太夫人思家，公欲扶侍以行，乃谒告回籍。续补刑部山东司主事。

居无何，乔公转太宰，每宣言于朝曰："人才可济艰难者，无如应某。”于是调兵部职方司主事。值文选司缺主事，乔公欲以公补之。司除者进曰：“凡入铨曹，必先勋部，渐移至选部，序也。若径入选部，则先入者有积薪之叹。”乔公曰：“此异才也！安用随牒？”径调文选司主事。

时大礼议起，公率同志者数人伏阙号泣，力诤忤旨。廷杖六十，几绝复苏。比释，历升稽勋、验封、考功、文选各员外，稽勋郎中。居铨司数任，谢苞苴，持法纪，人不敢干以私。然孤立行一意，不肯诡随，当路有忌之者。遂升广东参政，抚剿民夷，恩威大著。调江西参政，考满赴京，至中途，以太夫人衰年，思欲终养，乃以疾乞休。铨部议留，再乞，得致仕。比至家，杜门谢事，自侍养、定省之外，专心著述凡十二年。

两京台谏及观风使者交章保荐，起补江西参政。时有大猾侵官帑数万，依凭城社摊报平人卖产完官，直指使者主其事，被累数百家。公以为利归大猾，害贻平人，力为申理。与直指议格，即拂衣归，众寮审皆直公所执，相率劝留。直指素负气者，亦自悟其舛，且知公性不可挠以非，遂寝摊报之事，公方仍就任。

豫章有辅臣初归，圣眷尚隆，辅臣私第中门常扃，虽台使、方面谒见，亦由侧门入。公行部至其地，往访辅臣，见中门不开，却立不前，曰：“此非政府，乃私第也！我岂以行中书省而由人私第侧门耶？”令左右开中门以入。由是，辅臣深衔之。

升云南右辖，转广东左辖。滇、粤地俱产明珠、文犀、象齿、宝石、黄白等珍玩，而藩帑尤货财所聚，公毫不染指，行李自图书之外，无长物也。往时，藩司每遇圣寿、元旦等节，各官既集，朝服侍立龙亭前，候直指将到，方伯率各官出门迎入。公曰：“今日直指来，为庆贺，非私交也。况衣朝服，不宜叙宾主礼。”众已颔之，忽报直指至，众复彷徨无措，竟出迎。独公与陆举之先生侍立龙亭前，屹然不动。庆贺毕，方与直指相见。

升佥都御史，巡抚云南。勋臣世镇滇南，凡抚臣每先受其饵，纪法不行，恣其骄暴。公至，严持风纪，绝其私交，一切事必以理法束之。群傔有犯，必置之法罔贳，由是勋臣踖踖不敢肆者数年。

升副都御史，巡抚四川。值都蛮弗靖，公勒兵，出其不意，直捣巢穴，擒斩千余级。都蛮自是震詟，不复跳梁。

公前在云南得代时，值大计后，公于属官不职者，已疏十余人罢斥。及是复命，例有举劾，公曰："我上劾章适逾月耳！若今尚有可劾，是前疏匿也。若无可劾，而借无罪者以完事例，我不为。"于是举贤能者数人，无所纠劾。言官以是诋公，铨部覆留用，而前豫章辅臣适起持柄，竟拟闲住，而考功郎中议留者亦外斥。

未几，辅臣以事败，公复以前都蛮功起补副都御史，巡抚山东。时嘉靖二十九年庚戌（1550），俺答犯京师甚急，公议欲集兵勤王，或云："兵行，胜负难期，今宁奉有羽檄征兵耶？不若按兵以待，勿行无咎。"公曰："君父有难，尚可观望？"遂拣步骑三万入援京师。时各路兵集者十余万，独山东称骁劲，（北兵）一遇辄挫，遂夜遁。

升吏部右侍郎。先是，吏部侍郎但拥虚衔，诸所黜陟，先事不闻，临事不议。公曰："我以佐铨为职，而事不关白，吾职安在？且进退人才，将使天下共知，而与众用舍之。今僚友不与议，其何以示天下公也？"于是铨曹事无大小，必与冢宰协议。苟未当，虽冢宰力主之，弗徇；虽政府风旨，弗徇，由是与冢宰大忤。政府每遇大拜免，虽勉如公议，然其中勿愉也。

升刑部尚书。时诏狱颇繁，谳狱者每以刻深自保，公一主平恕，曰："吾但知守三尺法耳！不知其他。"是时，分宜用事，攘斥异己。有户部郎中孙绘素以清慎名，为中贵所构，送法司鞫问，公力为申救。分宜嗾言官以是诋公，得闲住。

既归家，尽散其履官余俸给宗族亲戚，耻言求田问舍事；见人贫困，每倾囊周恤，虽家无担石，不恤也。人有善行及美才，必汲汲引诱，成就如己有然，惟恐其行之弗竟、才之弗成也。尝谓孔、孟相传不在于书，心体力行，动遵圣贤成矩。与郡人金贲亨诸公相与讲学不倦，以名节相砥砺。尤潜心易学，老而益勤，延致文学通易理者三四人，朝夕与俱坐卧，观象玩辞，久而洞彻羲、文阃奥，著易说存疑行于世。每喜吟咏，然不为纤丽语，推敲必准盛唐。静重鲜交接，有司欲见其一面，不可得。至于地方有大利害、大曲直，众所讳言者，公必言之侃侃，无所隐徇。然赋性刚直面折，不能容人之过，故于俗子亦鲜谐云。

隆庆元年、万历二年，有司上其行谊，俱特旨存问。万历七年，又遣行人方万山到家存问。

公生于成化丁未六月初八日子时，卒于万历辛巳九月初六日子时，享年九十五岁。有司以闻，天子命官致祭，遣中书赵景柱督造茔墓。

公男八：长存初，由举人任湖广麻城黄安知县，以廉能擢刑部主事；次存性，由进士任知府；存修、存畏俱生员；存卓由进士任太常卿；存素由明经任训导，以子朝卿贵，封山西道御史；存征生员，以诗赋、草书著名；存章生员。孙：世功，光禄寺丞；汝化，存卓子，进士，历仕至按察使；朝卿，进士，官至侍御史。

李都宪一瀚墓表

吴时来

隆庆元年三月初六日，都察院左御史李公卒于会城之总府。嗣子维林以公之丧归，吴时来往哭之失声，归而食不咽、寝不帖也。呜呼！若李公，古所称俊顾，非耶？公禔身简洁，而又以行引人，乃今逝耶！

维林匍匐京师，以状闻。故事：在京从三品以上，得祭葬；其历任浅、乏行义、希劳绩者，勿给。公历京兆方逾月，升都宪，未履任，乃蒙谕祭一坛，命有司治葬。盖朝廷重公行义，亦异数云。既维林乞曰：“以孤之不肖，幸邀惠于天子。然而墓上之石，则受命于先人，其以属之吴子，知先人与知于先人，宜莫如子，愿惠一言。”吴时来曰：“人亦有言：盖棺事定。余所知也者，幸考厥终，于令先公可言完节矣！顾知之也者，未卜其果无辱令先公否？”因从而表公之行，夫亦自砺也。

公讳一瀚，字源甫，号景山，世为仙居之十八都人。曾祖良平，祖震，父镡，皆隐德不耀。父以公贵，赠江西道监察御史。公自幼端静简默，不喜嬉戏。与叔兄教谕公一潮年相及，同学。教谕公颖悟特达，幼即有异操，公资禀稍让不逮，其父与乡之长者莫不奇教谕公，而意亦若不在公。编修应公良独以诣远期公，为其弟二女择婿，一以妻公，一以妻林公应麒。既公与林皆先后登第，人莫不服应之识鉴云。

公中嘉靖戊子浙江乡试，戊戌登进士第。初选江西安福知县，公莅之以廉，而济之以静，与民温温若家人父子，而凛不可犯。御史沈某者，以迎候弗备怒之，公弗恨；及百计罗之弗能得，然后称之，公弗喜，沈叹曰："李知县可谓宠辱勿惊矣！"

当攒造，安福贫民鬻产，势家不肯照丈推收，公下令刻期一一照丈，豪右莫敢拒；士夫优免，另造一册，已免者勿再，冒滥弊除，东郭邹公叹曰："审编一事，推之治天下不难矣！"

丁母忧。服阙，补江西道监察御史。时北虏突入都城，议者欲筑外城，命公度址，公以"筑外城劳费勿支，坏民家室、坟墓无算。且天子守在四夷，城郢之策，正示之弱，非计"，抗疏止之。

巡按山西，风裁自持，一以除弊政、问民瘼为己事。其廉察下吏，不采旁言，民之所喜即荐，民之所恶即劾。沿边诸郡，民食土产小盐甚便，巡盐御史请俱食池盐，公以边郡崇山峻岭，盐至彼五倍其价，民困甚矣！上疏力辨得寝，边都人至今德之。

公为御史，大都法之所在，虽权要不避，以此当事惮之。时阿谄成风，相见俱行四拜四叩头礼，公厌之，谒当道止行两拜，当道衔之。复命，止升江西按察司佥事。众以公资望深，不宜外补，公怡然安之。及莅任，持法廉平。民间有湖取菱芡莲鱼之利，宗藩尽夺之，公至，判还民间。南昌先有刘某者，浚河数百丈，可灌两河田，民利之，为立祠；有势家熊者，夺其河为田，并毁其祠，公大抑之，通河水灌溉如旧。地方多盗，宵征夜遁，公立法捕之，盗遂息。严相家虽在袁，产业尽在南昌，家人扈势恣逞，公悉裁之。严相势既盛，又甚倾险，立能生死人，士夫侧目。或认为干儿，或与其家僮结为兄弟，凡官江右鲜不浼者，其迁转特速；公独与林佥事一新以耿概自持，皆五六年弗迁。赍表至京师，严曰：

“李资深矣！”公曰：“犹有深瀚者。”同见者让公故外耶，公曰：“吾道其实耳。”凡见皆有馈，多至数百，公独不。

久之，升山东布政司参议。旱甚，蝗发，公亲率民捕之数日，蝗绝。水发，淹没居房无虑数千家，公乘小船躬往支分，验其轻重赈恤。山东士夫不输租，县令往往累县里均赔，梁编修绍儒为最。绍儒，严相干子也。公查追急，绍儒求解于严相，严相曰：“李参议岂可与言哉？”绍儒知势不可，亦输其半。以督兑赴京，凡督兑在京，馈遗尽取粮长，悉倾产以充公，尽革之。

升井陉兵备，一意为地方除盗贼、固塞垣为务。适军士倍取月粮争哄，而烦言遂兴，议调各省，公亦飘然东归，弗自白其所以。居家三年，以众望起补四川副使，寻升陕西参政，寻升按察使。王府与民讼田，公断还之民。王城外渠，民资灌溉，王府筑而有之，一断以法，而王不敢动。

居一年，升山东右布政，寻升应天府尹，逾月升都察院左副都御史。行至仪真，疾作，连疏乞休。回至武陵，遂不起。吁嗟！公沉抑仕途凡二十年，晚值先帝更化，振拔淹滞，方骎骎向用；又幸今天子履极，显忠遂良，注意大用公，而公又不得尽行其志。人耶？天耶？

公平生平易简默，与之处，恂恂若无所能者；至于是非利害之交，屹不可动。居官无隐，忌峭刻之文，但不比于法，无一毫依违。监临山西再，多得士，士亦以得出公门为喜。公归，蔬素之食，补缀之衣，惟乘一马出入，有寒士所不堪者，而公处之自若。

节推萧文清署邑事，会倭奴焚劫后，百计渔猎；已升严州同知，而其虐益肆。公故持盘格，至东岭饯之，萧次日行，一邑称庆。

自入仕，未尝以书干政府，即郡邑亦经年不造，造必有关郡邑利害也。故闻公之卒，虽山林老稚，亦莫不戚戚悲者。

公生弘治乙丑八月二十日，享年六十有三。配应氏，继张氏，皆先卒。男三：长维条，先卒，无嗣；次维林，次维禾，俱县学生，皆能守公之教而继其志。今将卜葬于东村之原，公之墓志、铭碑业已有某者为之矣，来独述其所知如此。倘公之意在余，其大书有“明都察院左都御史景山李公之墓”。

郭安抚宗之墓碑（修订）

何　澹

嘉泰四年十月晦，故琼管安抚郭公卒于泉南市舶之官舍。越明年，葬于台州仙居县莲塘山之原。其孤森卿等谒铭于澹，辞不可，则执笔以志。

公名晞宗，字宗之。上世有为永安镇都监者，因家焉。镇后升县，名仙居。祖有隐德，父仲珉为承务郎致仕。公幼颖异，与兄从驰声乡里。受经于陈公庸，从游于吴公芾。登戊戌进士第，授处州松阳簿。松阳赋籍不理，吏掾为奸，公纠其弊，民始乐输。部使者芮公辉循行寡言色，独器重公。

及知信阳军，信阳多旷土，各以力自占，公明约示，俾各安业。县有纸坊、油户、姜园、漆林，下及樵薪、窑炭之税，公尽捐之。吏曰：“以备州家不时之需，恐自为患。”公曰：“州知其无，则不我须，我亦可借口矣。”滞讼数十，悉裁以法。县序废已久，公曰：“信阳，古申伯国，遗风独不可兴起耶？”乃筑宫百楹，凡学之事备焉。

安陆兵将及，密启帅枢王公蔺，言“信阳有沿淮山路十三，所宜植木断塞”。帅亟下其议，公指陈利害曰：“淮水出桐栢山，环县二百里，原浅可渡，独城北山延袤林翳，居民出入，实诸路总会之地。可守者五，其一则皇甫倜奏捷地也。宜仿三关置备，内设三关，表以五险，则安陆之固且不置信阳于度外。”帅是其议。

县顷多盗，先有土豪絷盗过信阳，欲诈欺以佚盗，曰：“是尝匿汝乎？”盗曰然，辄榜掠其人，得金帛始释，公追捕置于狱。

秩满，判处州，悉力殚赞，诸司以下榜诉，一见尽得其情，索纸疾书，明而卒归于恕。擢道州守，舂陵地褊民贫，公一意摩抚，有元次山之风。秋苗面斛之入，旧制倍蓰，公议捐之，吏交曰：“不可。”公曰：“如吾心愧何？”民又以私酿被扰，公许家自酝，薄其征。期年，政平讼理，治行为湘湖最。

以微疾，力丐祠，除提举福建市舶司，泉守称公清如冰玉。居无何，疾大作，乃丐谢事，遂拜琼莞安抚之命。将行，病革，呼群吏戒以公事，不及私。年六十有九。远近闻之，无不悲泣。

初娶顾氏，继室郑氏。五子，森卿、垚卿、嚞卿、磊卿皆登膴仕。女四人，进士陈珙、顾如川、谢渠伯、何处礼皆其婿也。孙四人：存中，尝为漕荐；诚中、宜中、自中皆以学行称。曾孙四人。

公卒之日，澹适假守三山，见公貌之不衰；书礼往复，见公笔力尚健，方为泉人勉留，今生死隔矣！呜呼公乎！其去而仙乎？

吴参议廉墓表

吴 遵

所贵士君子之显于时也，学有本原，言必识大体，重风节，略权势，平居能销祸本以安社稷。进退较然，一轨于道，不婞婀随世以就功名，见机而作。若牛田吴公，其庶几哉！

公讳廉，字介夫，浙之仙居人。其先世隐于农，曾大父立远，好义活人，称长者。大父文魁，以齿德宾于乡。父默斋公，讳珪能，行孝修其先人之业。其所渊源远矣！公生而颖特，七岁善大书，见者惊异。稍长领正德丁卯浙江乡荐，卒业南雍，交友四方名达，学益蒸蒸深造矣。

甲戌成进士，以忧去，免服，授礼科给事中。亢直敢言，言必持国家大体。时郭武定、张寿宁以勋戚当上意，贵幸无比，公首论二家骄蹇失仪。诏巡视十二团营，团营将卒多根柢权贵人，悍迕非法，公至，风采凛然，知惮矣。适武庙巡行西北边，公偕同官泣留，跪午门外三日。谏曰：“陛下多狎游，忘大计，本朝土木为监不远，宜速返驾，以安人心，奠宗社。”时宫保大中丞王、陈怙权争进，公论宜并斥，而荐堪其代者林公俊、王公守仁。光禄冯卿抗语仇言官，公又疏人臣不当肆言诋蔑，以伤国体。正德末，储贰未建，人怀异谋，公旦夕忧心怦然。会逆奄毕镇守江西，表宸濠孝行于朝，冀召入太庙司香，阴为内应，驳曰：“诏书会典，例不得表荐亲藩，岂宜党翼阿私，助王弗靖。”据礼封还。事遂寝。未几濠果以叛诛。驾旋返。公又请郊天策士，以追帝王盛节。请罢江西镇守，中外称便。转户科右给事中。今上嗣统，首条四事，曰：正君心，开言路，时经筵，近儒臣。奏上，上嘉纳。中官赖某、萧某者，佞幸臣也，公疏请亟除奸恶，不报。盖自是，公直声动朝廷，而在事者多指目怒公矣。已而，公核饷湘贵间，二御史皆弗往，公独行。厘正宿弊，多所建白。转礼科左给事中，于是忌公者愈益不能安公矣。出为四川左参议，公按蜀甫期，蠲害兴利，纠重臣之使蜀殃民者，民赖以苏。

其为政，主于恤民隐，察吏治，正纪纲，明教化。顾性独耿介，不能逐时好为俯仰，三疏乞归。虽当路合辞留之，竟不可夺。公归，筑舍城北隅，读书咏歌，灌艺松菊，意陶陶乐也。

公孝友性成，父疾不解带，奔母丧徒跣号泣，以禄弗逮养，持恨终其身。平居自奉粗粝，虽已贵，不移其初。遇弟昆姻故有穷乏者，赒之唯恐弗逮。

同官戴司谏死于言，公手殓之，醵赙买田以恤其孤。许游击以事馈千金，公正色斥去，忠臣卢公迥、郑公恕几没，没已，公请建双忠祠以励颓俗。此其敦伦尚行，矫矫风节，未尝以穷达、势利、生死二其心也。

倭夷寇浙东，仙居大被焚掠，独曰：“吴家清官，相戒无犯。”岂非忠信内积之效哉！

盖公自垂髫，耻外骛，屏居默坐，学多自得，故其言粹白简明，一本于性情忠爱。使当时能安其身于朝廷之上，言听志行，得以悟君心，斥邪恶，其功业讵宜止是？况武庙时，国本尚疑，人情汹汹，使勋戚横奄竖入，群奸阴伺于内，强藩称乱，图危社稷，天下事未可知也，公潜折奸萌，一言重于九鼎。彼有伈、首脂韦，毛举细故以塞责，视公不重有泚哉！且其进必行道，退必求志，超然明哲之归。避远机阱，不至于名辱身危以死，所谓介不终日者，非耶？制词称公“建明国是，纠正官非”，大司马胡公叙其遗书，亦曰：“黄发清风，鸿羽仪吉”，乐为铭墓而亟称焉，公亦足以瞑已。乃其嗣学博子龙，复征予言以表墓前之石，予姑志其大者耳。厥配滕氏，封孺人，令德偕老，合葬某山。他日式公之墓，低徊而不去者，其尚于公有兴起哉！

吴芾寄语吴津家书（四则）

1. 送津儿还任

吴津在乐清做县尉时，一心扑在工作上，好不容易逢年过节来仙居，父子俩久别重逢话语未尽，儿子吴津却又急急奔赴岗位。吴芾只好以诗《送津儿还任》与儿共勉：

汝到庭闱话未终，若为行色又匆匆。
要知只有归来好，便做三公亦是空。

2. 送津儿之官丽水

强将军中无弱兵，高人门下出贤人。吴津为官勤政爱民，廉洁奉公，颇有政绩。不久就被朝廷派遣任处州丽水县添差。为此吴芾专门作诗《送津儿之官丽水》，鼓励吴津，当官不在于职位高低，而在于励精图治，勤政爱民，为天下百姓谋福祉。吴津在丽水任内“决讼如流（案件及时解决），庭无留牍。严以治盗，民以奠（安）居”。

送津儿之官丽水
忆我初仕时，不敢望高位，
但得宰一同，便可行己志。
实惠倘及民，死亦有生气，
况复著阴功，子孙将不坠。
胡为人惮之，百计欲求避，
我闻事无难，辞难岂为义。

世路虽多艰，宦途须历试，
是用俾吾儿，往当民社寄。
眷言古括州，山水有奇致，
我尚记昔年，尝为郡守贰。
虽无德在人，人亦安平易，
百里闻汝来，想见多忻慰。
要当尽此心，有以塞其意，
诚能使吏民，自此知怀畏。
家家各安居，人人共称治，
纵或罹谤伤，固自有公议。
有如汝所存，俯仰似无愧，
功名余事耳，何必成与遂。
年来我挂冠，方得闲中味，
无乃逼桑榆，七十仍有二。
知几复何时，得见汝娱侍，
虽幸枕湖山，已辟幽栖地。
有诗谁伴吟，有酒谁同醉，
正欲汝相随，俄然又相离。
会须早归来，日作斑衣戏，
个中有真乐，岂必三旌贲！

3. 送津赴绍兴倅八首

吴津后来升迁为绍兴府通判，吴芾对长子吴津的提升感慨良多。作诗《送津赴绍兴倅八首》与儿共勉。

送津赴绍兴倅八首

读书已负少年时，老大空疏愧我知。
汝肯为余偿此志，虽穷亦是起家儿。

山色湖光足自怡，幽栖无一不相宜。
只嫌野外游从少，汝早归来共乐之。

汝辞秦邸佐名藩，端为亲庭数舍间。
数舍相望虽不远，争如在侧日承颜。

当年我镇卧龙山，曾种千花与万竿。
岁久不知无恙否，因来且为报平安。

我曾开凿鉴湖田，功竟难成愧昔贤。
汝谒马祠须问讯，此湖兴复是何年。

出仕曾尘侍从班，退休还得老湖山。
已惭过分无他望，只愿吾儿相对闲。

我辞官路已多时，魂梦今犹畏险巇。
汝既饱谙游宦味，会须早作个归期。

人生万事不如归，只恐归来不及时。
汝若能为陶靖节，我身胜到凤凰池。

4. 李子仪喜津改秩作诗相庆因次韵

李子仪喜津改秩作诗相庆因次韵

懒复从人问里评，纵令得誉亦虚声。
有儿第使传儒业，改秩何期冒宠荣。
敢望芝兰如谢氏，但亲松菊学渊明。
烦君慰藉来佳句，读罢欣然酒一倾。

附录四

古代仙居籍监察官员统计表

根据历代县志、家谱相关记载，现整理出古代仙居籍御史、通判、按察使、提刑、给事中等监察官员共计 51 人。

	唐	五代	北宋	南宋	明	小计	统计
御　史	2	1		4	12	19	51
通　判			1	12	9	22	
按察使					7	7	
提　刑				1		1	
给事中					2	2	
小　计	2	1	1	17	30	51	

（一）吴氏家族

朝代	姓　名	登进士第年份	监察官履历	历任职位	备　注
五代	吴全智（873—950） 字诘士	后梁开平戊辰年（908）进士	兼侍御史	贞明丁丑年（917）国子祭酒兼侍御史，后梁银青光禄大夫	仙居吴氏始祖
南宋	吴芾（1104—1183） 字明可，谥康肃	绍兴壬子年（1132）进士	监察御史、殿中侍御史	秘书正字，礼部侍郎，敷文阁直学士，临安知府，吏部侍郎，太平州知州，龙图阁直学士	《宋史》有传
南宋	吴津（1133—1196） 字仲登	乾道己丑年（1169）进士	绍兴通判	乐清县尉，浙东安抚使，知广德军，封朝请大夫，赠光禄大夫	吴芾长子
南宋	吴坚（1213—1276） 字彦恺，号实堂	淳祐甲辰年（1244）进士	严州通判	平江知府，礼部侍郎，太常少卿，吏部侍郎，福州路转运使，吏部尚书，工部尚书，左丞相	
明	吴炫（1341—1410） 字原显		江西按察副使	河南偃师主簿，中顺大夫	
明	吴洪赐（1460—1526） 字世益		高州通判	广东儋州知州，奉议大夫	1519 年归里修谱
明	吴炳庶（1520—1613） 字朝徵	嘉靖庚戌年（1550）进士	云南按察副使	工部主事，南康府知府	辞归修宗谱
明	吴时来（1527—1590） 字惟修	嘉靖癸丑年（1553）进士	左都御史	松江推官，刑科给事中，工科给事中，湖广按察副使，刑吏二部侍郎，赠太子太保	吴炳庶侄子 《明史》有传
明	吴廉 字介夫，号牛田	正德甲戌年（1514）进士	礼科给事中，后转户科给事中	四川左参议	
明	吴墀		宿州通判		

（二）陈氏家族

朝代	姓　名	登进士第年份	监察官履历	历任职位	备　注
南宋	陈庸（1120—1194） 字时中	绍兴辛未年（1151）进士	御史台主簿	太府少卿，中书门下省检正诸房公事，抚州知府，江西提点刑狱公事	创车门陈氏家训
南宋	陈章（1144—1228） 字子云	淳熙辛丑年（1181）进士	温州通判	温州乐清尉，知常州军州，中宪大夫，提举建康府崇禧观	陈庸第三子
南宋	陈伯固（1161—1227） 讳大节	淳熙戊戌（1178）登陈说榜（武举）进士	吉州通判	靖州安抚使	陈庸孙
南宋	陈仁玉（1212—?） 字德公、德翁、德韬、德翰，号碧栖	开庆己未年（1259）赐同进士出身	浙东提刑	崇政殿说书，衢州知府，浙东安抚使，兵部侍郎	陈庸曾孙
南宋	陈寿还（1209—1276）		婺州通判	宣教郎，安庆府太湖知县	陈庸曾孙
南宋	陈绍求 字仲仁，又名敬	淳祐庚戌年（1250）进士	扬州通判		陈庸曾孙
南宋	陈绍方（1198—1256） 字叔继		建康通判	文林郎，滁州军事判官，授嘉议大夫	陈庸曾孙 陈伯固子
明	陈清		都察院司务		
明	陈大节		嘉靖通判		

（三）郭氏家族

朝代	姓　名	登进士第年份	监察官履历	历任职位	备　注
南宋	郭晞宗（1136—1204）字宗之	淳熙戊戌年（1178）进士	处州通判	道州知县，福建路市舶司提举，琼管安抚	郭晞宗“教子甚严”“一门竞秀”
南宋	郭森卿（1156—1223）字子实，号谷斋		夔州通判	宣教郎，崇阳知县	郭晞宗长子
南宋	郭明卿（1165—1216）字子肃，号潜斋	嘉泰壬戌（1202）进士	抚州通判	湖广总领干官	郭晞宗次子
南宋	郭磊卿（1186—1240）字子奇，号兑斋	嘉定甲戌年（1214）进士	严州通判，右正言	枢密院编修兼兵部侍郎官，左正言兼侍讲	郭晞宗第五子，名列“端平六君子”“嘉熙四谏”
南宋	郭和中（1218—1263）字顺甫，号竺田		徽州通判，严州通判	承奉郎，太府卿	郭磊卿次子

（四）应氏家族

朝代	姓　名	登进士第年份	监察官履历	历任职位	备　注
明	应大猷（1487—1581）字邦升，号容庵	正德甲戌年（1514）进士	佥都御史	南京刑部主事，广东参政，佥都御史，吏部右侍郎，刑部尚书，曾巡抚云南、四川、山东	王存忠外孙
明	应存性（1517—1581）字恒之，号方山	嘉靖丙辰年（1556）二甲进士	常德通判	工部主事，茶陵州课，兴国州同，兵部车驾清吏司郎中，湖广按察佥事，湖北恩施知府	应大猷次子
明	应存卓（1530—1610）字从之，号宏斋	嘉靖己未年（1559）二甲进士	贵州按察使	刑部郎中，广西按察副使，广东左参政，广东右布政，贵州左布政，太常寺卿	应大猷第五子
明	应朝卿（1559—1608）字行叔，号兰皋	万历己丑年（1589）进士	山西监察御史、两淮巡盐御史	建安县令，晋江县令	应大猷孙子
明	应汝化（1558—1615）字明叔，号云溟	万历乙未年（1595）进士	江西按察使	工部郎中，江西左参政，江西右布政使	应存卓儿子
明	应存弼		饶州通判		
明	应大桂（1509—1556）字邦才	嘉靖丙戌年（1526）进士	湖广按察使	汉阳知府，登州知府	应大猷弟
明	应存鲁（1535—？）字德之，号省吾		鹤庆通判	石埭知县	应大桂儿子

（五）其他监察官员

朝代	姓名	登进士第年份	监察官履历	历任职位	备注
唐	蒋琰 字公器	乾符年间（874—879）进士	右司谏	吉州佥判	
唐	孙郃 字希韩	乾宁丁巳年（897）进士	左拾遗	校书郎，河南府文学	后梁篡唐朝后，隐居避世，代表作《春秋无贤臣论》
北宋	蒋旦 字澹然，号适斋	政和乙未年（1115）进士	越州通判	承议郎，监石炭场	乡人推崇他节操高尚，祭祀于县学
南宋	张次贤（1155—1218） 字思齐，世称竹坡先生	绍熙癸丑年（1193）进士	监察御史，右正言兼侍讲，谏院左司谏	上高知县，衢州通判，临安府通判	始创西张家谱
南宋	张会龙（1232—1298） 字季震，号东岩	咸淳乙丑年（1265）武状元	雷州通判	以武翼郎通判雷州	宋亡归隐于家，不仕元
明	顾大奇（1370—1431） 字火异		山东御史，江西按察副使	龙江卫知事	
明	戴弘演（1372—1444） 名原通，号率斋	永乐甲申年（1404）进士	江西道监察御史，应天府巡按御史	翰林院庶吉士，入文渊阁，纂修《永乐大典》	
明	杨孟瞻（1373—1447） 又名杨成崟		徽州通判		
明	张成德（1429—1510） 名渶，后更字逊志，号北野		饶州通判	南充县令	

续表

朝代	姓　名	登进士第年份	监察官履历	历任职位	备　注
明	王纯 字宏文，号一斋	成化辛丑年（1481）进士	按察佥事	工部主事，贵州思南县推官	
明	王存忠（1453—1538） 字诚之，号亹斋	成化丁未年（1487）进士	南京巡按御史	镇江知府	
明	张俭（1487—1545） 字存礼，号圭山	正德甲戌年（1514）进士	四川按察副使	工部都水司主事，福建参政	
明	李一瀚（1505—1567） 字源甫，号景山	嘉靖戊戌年（1538）进士	山西按察副使，左副都御史	江西安福县令，山东布政司参议，陕西布政司参政，山东右布政使，应天府尹	
明	林应麒（1506—1583） 字必仁，号介山	嘉靖乙未年（1535）进士	江南巡按，江西御史	吴江知县，金溪知县，惠州同知	
明	顾宏潞（1513—1575） 字敬文，号剑湖	嘉靖庚戌年（1550）特科进士	户科给事中，吏科给事中，刑科给事中	广东参政	
明	卢明章	嘉靖乙丑年（1565）进士	江西道监察御史，顺天府按察使	行人司行人	
明	尹彦（1525—1605） 字明良，号过斋		应天府通判	蒙城县令	
明	阮中治		御史		
明	张容 字子颜		御史	大理寺左少卿	

图书在版编目(CIP)数据

风骨：仙居御史故事／仙纪著. —桂林：广西师范大学出版社，2020.1
ISBN 978-7-5598-2516-2

Ⅰ. ①风… Ⅱ. ①仙… Ⅲ. ①仙居县-地方史
Ⅳ. ①K295.54

中国版本图书馆CIP数据核字(2019)第292693号

出 品 人：刘广汉
策划编辑：徐忠良
责任编辑：刘孝霞
助理编辑：唐 松
装帧设计：李婷婷 王鸣豪

广西师范大学出版社出版发行
(广西桂林市五里店路9号 邮政编码:541004
网址:http://www.bbtpress.com)
出版人:黄轩庄
全国新华书店经销
销售热线：021-65200318 021-31260822-898
上海盛通时代印刷有限公司印刷
(上海市金山工业区广业路568号 邮政编码：201500)
开本：690mm×960mm 1/16
印张：19.25 字数：255千字
2020年1月第1版 2020年1月第1次印刷
定价：68.00元
